Über alle Grenzen

Meinem Lehrer und Freund Wangdor Rinpoche,
der Übertragungslinie,
den Einsiedlerinnen und Einsiedlern am Berg,
und besonders meiner Frau Irene

Johannes Toegel

Über alle Grenzen

Als Einsiedler unter TIBETERN

:STYRIA

Bildnachweis

Großes Coverbild:
Blick vom Makalu zum Mount Everest.
MindenPictures/picturedesk.com
Kleines Coverbild unten links: Markus Raich
Kay Konrad: 36, 123
Alle übrigen Bilder stammen von Johannes Toegel.

Dieses Buch ist keine Erfindung,
sondern beruht auf wirklichen Erlebnissen.
Trotzdem übernehmen weder der Autor
noch der Verlag eine Garantie
für die Richtigkeit der Aussagen,
außer an jenen Stellen,
wo dies ausdrücklich vermerkt ist.

Impressum

ISBN 978-3-222-13283-4

Umschlag- und Buchgestaltung:
Bruno Wegscheider

Reproduktion:
Pixelstorm, Wien

Druck und Bindung:
CPI BOOKS GmbH, Pohořelice

Inhalt

Vorwort

Johannes Toegel bezeichnet sich selbst als einen „Pionier". Das ist nicht zu hoch gegriffen, sondern trifft genau zu. Ein Pionier ist ein *Fußgänger*, der etwas erwandert und persönlich erfahren hat: bodenständige christliche und buddhistische Spiritualität; und weiter, er ist ein *Fußsoldat*, also einer, der kämpft, ringt, mit sich, mit den zu unterscheidenden Geistern: hier und dort. Ein Pionier ist einer, der im Weglosen einer Gegend bahnbrechend ist; und in diesem Sinn gehört er zu den *Wegbereitern* des interreligiösen Dialogs zwischen Christentum und tibetischem Buddhismus; und schließlich ist er einer, der zwischen getrennten Ufern, die ihm vertraut geworden sind, eine von beiden Seiten aus begehbare *Brücke* baut.

Oft wird vergessen, dass dieses Brückenbauen in der römisch-katholischen Kirche durch höchste lehramtliche Autorität geschützt ist, und zwar durch die Erklärung des Zweiten Vatikanischen Konzils über das Verhältnis der Kirche zu den nicht-christlichen Religionen:

„Von den ältesten Zeiten bis zu unseren Tagen findet sich bei den verschiedenen Völkern eine gewisse Wahrnehmung (*perceptio*) jener verborgenen Macht, die dem Lauf der Welt und den Ereignissen des menschlichen Lebens gegenwärtig ist, und nicht selten findet sich auch die Anerkenntnis einer höchsten Gottheit (*summi Numinis*) oder sogar eines Vaters. Diese Wahrnehmung und Anerkenntnis durchtränkt ihr Leben mit einem tiefen religiösen Sinn."

Dazu wird über den Buddhismus gesagt: „In den verschiedenen Formen des Buddhismus wird das radikale Ungenügen der veränderlichen Welt anerkannt und ein Weg gelehrt, auf dem die Menschen mit frommem und vertrauendem Sinn entweder den Zustand vollkommener Befreiung zu erreichen oder – sei es durch eigene Bemühung, sei es vermittels höherer Hilfe – zur höchsten Erleuchtung zu gelangen vermögen."

Und hierzu eine unbefangene Offenheit bekundende Stellungnahme: „Die katholische Kirche lehnt nichts von alledem ab, was in diesen

Religionen wahr und heilig ist. Mit aufrichtigem Ernst betrachtet sie (*considerat*) jene Handlungs- und Lebensweisen, jene Vorschriften und Lehren, die zwar in manchem von dem abweichen, was sie selbst für wahr hält und lehrt, doch nicht selten einen Strahl jener Wahrheit erkennen lassen, die alle Menschen erleuchtet. Unablässig aber verkündet sie und muss sie verkündigen Christus, der ist ‚der Weg, die Wahrheit und das Leben' (Jo 14,6), in dem die Menschen die Fülle des religiösen Lebens finden, in dem Gott alles mit sich versöhnt hat."

Erkennen Christen dieses Strahlen der Wahrheit in Christus, so können sie im erleuchteten Weg des Buddhismus sogar Wesentliches ihres eigenen trinitarischen Glaubens wiedererkennen: das radikale Sichoffenhalten für das „letzte und unaussprechliche Geheimnis" (*ultimum et ineffabile mysterium*), das sie den „Vater" in Gott nennen. *Abwûn* meint im aramäischen Sprachverständnis Jesu nicht nur den leiblichen und den spirituellen Vater, sondern den *Ursprung*, und es besagt über die sich wandelnden Auffassungen von „männlich" und „weiblich" hinaus so viel wie *Gebärer* und *Gebärerin* (der Welt und des Menschen). Als Religion, welche uns zur Versenkung in die Unergründlichkeit und Unaussprechbarkeit des Ursprungs einlädt und diesen Ursprung im liebenden Miteinanderdasein tatkräftig zur Erscheinung bringt, hat gerade auch der tibetische Buddhismus uns Christen Ermunterndes zu sagen.

Ich bin überzeugt, dass es dem Autor als einem Christen gelungen ist, durch die spannende Schilderung seines eigenen Begegnungsweges mit dem tibetischen Buddhismus ein tieferes Verständnis für die gegenwärtige Dringlichkeit eines Dialogs der Religionen zu wecken. Daher möchte ich seinen Leserinnen und Lesern wünschen, dass ihnen im „Licht, das jeden Menschen erleuchtet" (Joh 1,9), die Lektüre neue Freude und Zuversicht bringen möge.

Augustinus Karl Wucherer-Huldenfeld, O. Praem.

Einleitung

Worum es in diesem Buche geht

Tibet! Mysteriöses Land. Heimat des Schneelöwen, der Yaks und des sagenhaften Yeti. Land der höchsten Berge und der geheimnisumwobenen Meditationshöhlen. Hochburg der Mystik.
Schon vieles wurde über dieses Land des Schnees geschrieben und erzählt. Vieles ist wahr, vieles ist ein Projektionsfeld, ein Wunschbild für unsere nüchterne, durch und durch rational organisierte Welt. Es gibt große Reiseberichte von westlichen Menschen, die sich in dieses verbotene Land gewagt haben: Alexandra David-Néel, Heinrich Harrer, Lama Anagarika Govinda und viele andere. Zeugnisse des Abenteuers und der Begegnung.
Diese Zeit ist jetzt vorbei. Die Tibeter haben ihr Land verloren, und es wird dort niemals wieder so sein wie vorher. Viele Klöster sind zerstört, die Bergeinsiedeleien verwaist, die großen Lehrer und die geheimnisvollen Asketen der Berge sind verschwunden und geflüchtet. Trotzdem ist der Geist Tibets offensichtlich unverwüstlich. Der Dalai Lama ist in aller Munde, ein Superstar der modernen Welt, den heute wohl mehr Menschen kennen und achten als den Papst. Im Exil in Indien und anderswo werden die alten Klöster wieder aufgebaut und der Strom der Lehre, das Rad des Dharma, dreht sich weiter und weiter, diesmal ausgebreitet auf die ganze Welt, auf die ganze Erde.
Was gibt dem tibetischen Geist diese Kraft und dieses Beharrungsvermögen, sogar die Katastrophe der Okkupation durch China und den Exodus der Bevölkerung zu überstehen?

Heitere Gelassenheit, die aus einem tiefen Frieden des Herzens kommt, der jedes äußere Schicksal überwindet: Das ist es, was die großen Lehrer Tibets zeigen und was ihr Beispiel so unwiderstehlich macht. Sie hadern nicht mit dem Schicksal, sie kämpfen nicht mit irdischen Waffen, aber gerade deshalb sind sie unbesiegbar.

Die Zeit der Abenteuerreisen in das verbotene Land ist vorbei. Heute gibt es eine Eisenbahn nach Lhasa, man kann mit dem Flugzeug dort ankommen, es gibt Gruppenreisen und organisierte Touren; der Tourismus hat auch dieses Land erreicht. Darüber zu berichten ist interessant und exotisch, aber den ursprünglichen Geist und den Zauber des Landes findet man auf diese Weise nur mehr schwer.

Dieses Buch erzählt von einer Begegnung mit dem alten, ursprünglichen Geist Tibets, der über die Berge zu einem alten Wallfahrtsort geflüchtet ist, um hier seine Kraft und Wirksamkeit aufs Neue unter Beweis zu stellen. Nicht „Sieben Jahre in Tibet", sondern 30 Jahre Leben mit der ungebrochenen geistigen Kraft dieses geheimnisvollen Landes sind der Hintergrund und der Nährboden für dieses Buch. Es ist eine Begegnung von Herz zu Herz, die Begegnung eines westlichen Menschen mit einem tibetischen Nomadensohn, der in wenigen Jahrzehnten den Weg vom einfachen Mönch im Exil zum hoch geachteten Lehrer, Leiter eines Klosters, Erbauer einer Riesenstatue und zum weltweit anerkannten Vortragsreisenden gegangen ist.

Was ist das Geheimnis seines Weges, seiner geistigen Kraft, die solche ungewöhnlichen Leistungen möglich macht – und was bedeutet dieses Geheimnis für unsere moderne, hektische und geistlos gewordene Welt?
Das sind die Fragen, denen dieses Buch nachgeht und die sie in authentischen Erzählungen, Geschichten und Reflexionen vertieft.

Unsere Zeit braucht dieses Wissen dringender denn je. Was die tibetische Kultur entwickelt und gefunden hat, könnte genau zu dem Heilmittel werden, das unsere Kultur so dringend braucht.

„Unsere ganze europäische Kultur bewegt sich seit langem schon mit einer Tortur der Spannung, die von Jahrzehnt zu Jahrzehnt wächst, wie auf eine Katastrophe los: unruhig, gewaltsam, überstürzt: einem Strom gleich, der ANS ENDE will, der sich nicht mehr besinnt, der Furcht davor hat, sich zu besinnen.“

So schreibt Friedrich Nietzsche schon im 19. Jahrhundert. Es ist der faustische Geist, der uns ruhelos vorantreibt, bis an die Grenzen der Erde, ja sogar darüber hinaus. Wir haben offensichtlich dieses ENDE erreicht, aber was soll jetzt werden? Die Grenzen des Wachstums sind nicht mehr überschreitbar, es sei denn, es gibt einen Sprung in der Qualität. Aber dieser Sprung ist ohne die Kraft des Geistes nicht zu meistern.

„Augenblick, verweile doch, du bist so schön.“ Der abendländische Mensch hat einen Pakt mit dem Teufel geschlossen, dass er niemals zu dieser Ruhe kommen darf. Dieser Pakt muss jetzt gelöst werden, und die Botschaft der Tibeter und des Geistes können uns helfen, die Elemente und Hinweise zu finden, wie das vor sich gehen könnte.

Rime – über alle Grenzen

Rime ist tibetisch und bedeutet wörtlich übersetzt: „ohne Grenzen“. Es ist der Name einer ökumenischen Bewegung im tibetischen Buddhismus, die seit der Mitte des 19. Jahrhunderts daran arbeitet, die verschiedenen Schulen und Gruppierungen zur Zusammenarbeit zu bringen und auf der höchsten Ebene zu vereinigen. Die größten spirituellen Meister sind an dieser Bewegung beteiligt, die einfach über die Gräben hinweggeht, die das Gezänk der Schriftgelehrten und des Sektentums aufgerissen haben.

Die größten und edelsten Vertreter des Rime waren vollendete Meister, die gleichzeitig alle vier Hauptschulen des tibetischen Buddhismus lehrten und die durch ihr Leben und ihr Vorbild die Einheit und die innere Verbindung der verschiedenen Wege demonstrierten.

Der Kern ist in allen Wegen derselbe: die direkte Erfahrung der Natur des eigenen Geistes und der allumfassenden Kraft des „Mitgefühls“,

das im tibetischen als „Erleuchtungsgeist" bezeichnet wird. Die wirkliche Praxis der Einheit dieser beiden Grundwirklichkeiten ist die schönste Blüte und gleichzeitig der Stamm aller anderen Übungen und Ausfaltungen der verschiedenen Schulen dieser Tradition.
Rime – ohne Grenzen.
Teilhard de Chardin hat einmal gesagt, dass die größten Entwicklungen in der Menschheit dort zu erwarten sind, wo verschiedene Kulturströme, die sich lange getrennt voneinander entwickeln konnten, sich begegnen und gegenseitig befruchten.
Die tibetische Rime-Bewegung scheint ein Zeichen zu sein, dass die Zeit für diese Synthese reif geworden ist. In unserem Kulturkreis hat das Zweite Vatikanische Konzil ganz ähnliche Signale gesetzt, und alles in der politischen und wirtschaftlichen Entwicklung unserer Welt scheint darauf hin zu deuten, dass eine groß angelegte Synthese der höchsten menschlichen Werte in globalem Maßstab gerade dabei ist, Gestalt anzunehmen.
Dieses Buch wagt es, die Geschichte eines Menschen zu erzählen, der über alle Grenzen und Verbote hinausgeht, um sich von den Unterschieden und Ähnlichkeiten der verschiedenen religiösen und kulturellen Zugänge inspirieren zu lassen.
Es trägt die Ökumene des Zweiten Vatikanischen Konzils über alle Grenzen hinaus bis zum tibetisch-tantrischen Buddhismus. Gleichzeitig setzt es die tibetische Rime-Bewegung bis zum Christentum des modernen Westens fort.

Der Bogen ist also sehr weit gespannt, und die Gefahren einer solchen Verbindung sind offensichtlich. Was diese Brücke trotzdem gelingen lässt, ist die tiefe menschliche und spirituelle Freundschaft von zwei Menschen in einer Einsiedelei des Himalaja: einem jungen, unorthodoxen westlichen Philosophen, Theologen und Musiker und einem unbekannten tibetischen Flüchtling, der allein durch seinen Einsatz die höchste spirituelle Qualifikation und Anerkennung seiner Tradition gefunden hat.

Zwischen den Welten

Der Traum, sagt Freud, der Traum ist der Königsweg zum Unbewussten.
Und das Unbewusste, das ist die Schattenseite der Seele, der Nachtbereich, in dem die dunklen Impulse unserer Emotionen ebenso wohnen wie die höchsten Inspirationen des Geistes.
Es ist seltsam, dass nur unsere westliche Kultur so etwas wie die Psychoanalyse hervorgebracht hat. Bei den Tibetern, obwohl sie doch so viel über den Geist wissen, ist das anders. Dort ist diese Technik unbekannt.
Das liegt wohl daran, dass die scharfe Trennung zwischen Wachen und Traum, zwischen Bewusstsein und Unbewusstem nur bei uns so hoch entwickelt ist. Diese Trennung hat uns einerseits zu großen Kulturleistungen verholfen, andererseits hat sie aber auch den Zugang zu unserem geistigen Nährboden sehr schwer gemacht.
In den Tiefen des Unbewussten wohnen nämlich nicht nur die verdrängten Triebe und Emotionen, sondern hier liegen auch die höchsten Werte und Energien des Menschen. Hier „wohnt" der Gott Abrahams, Isaaks und Jakobs, das Mysterium *tremendum et faszinosum,* das man in der Verstandeswelt vergeblich sucht. Das Unbewusste ist das Umfassende, das Größere, in dem unser Bewusstsein wie eine kleine Insel ruht oder manchmal nur wie ein Schiff oder ein Floß auf diesem Meer von Bedeutung herumtreibt.

Die Tibeter kennen diese Trennung zwischen Bewusstem und Unbewusstem nicht; für sie ist der Übergang zwischen Wachen und Schlafen, zwischen Wirklichkeit und Mythos viel fließender, und vor allem wissen sie, dass beides auf einer noch größeren Wirklichkeit beruht, die in der Meditation erfahren werden kann. Diese Wirklichkeit ist die offene Weite des natürlichen Geistes, der mühelos alle Grenzen überwindet und das Getrennte vereinigt, ohne dabei die Unterschiede auszulöschen.

Die ganze Geschichte dieses Buches, meine ganze Begegnung mit dem Geist Tibets, ist eine Wanderung zwischen den Welten; eine

Wanderung nicht nur geographisch, sondern auch geistig. Es ist die Wanderung zwischen der hellen Bewusstseinswelt unseres Verstandes und der Welt der mystischen Tiefen und der seelischen Bedeutung.

Beide Welten haben ihre Berechtigung, beide Welten gehören zusammen.

Vieles, was ich bei den Tibetern erlebt habe, gehört zur Grenze zwischen Wachen und Träumen, zwischen Mythos und Geschichte.

Die Ereignisse des Lebens erscheinen zunächst in der sichtbaren Welt, aber ihr Sinn erschließt sich erst im Traum oder in der Meditation, wo die Verbindung zu einer größeren Wirklichkeit hergestellt wird.

Die Bedeutung der geistigen Welt Tibets ist für den Verstand nur schwer zu erfassen. Aber die wirkliche Begegnung mit dieser Welt ergreift den ganzen Menschen, Bewusstes und Unbewusstes zugleich, und verwandelt ihn dabei in seinem innersten Wesen.

Von den Wegen dieser Verwandlung spricht dieses Buch.

Es ist keine theologische Abhandlung und auch kein philosophischer Diskurs, sondern es ist der Versuch, die Wanderung zwischen den Welten, so gut es eben geht, in Worte und Begriffe zu fassen.

Bei den Höhlen

Bring your plate! – Bring deinen Teller mit!

Blink … blink … blink …
Es ist die Sekundenanzeige meines Digitalweckers, die mein Auge und meine Aufmerksamkeit fesselt.
Blink … blink … blink …
Es ist der letzte Rest der modernen technischen Welt, der mich hierher begleitet hat. Alles andere habe ich zurückgelassen. Und jetzt fesselt mich dieser einfache Vorgang inmitten einer fremden Welt, einer Traumwelt, einer kargen Welt hoch in den Bergen, mit einer fremden Sprache, einer anderen Kultur; in einer Felshöhle.
Diese Felshöhle ist, den Umständen entsprechend, gemütlich eingerichtet. Es gibt so etwas Ähnliches wie ein Bett, das heißt, ein paar Holzbretter fragwürdiger Qualität und etwas Wolle, die eine Matratze ersetzen soll. Ein kleines Steinmäuerchen als Vorderwand, eine Öffnung als Tür und eine als Fenster, oben ein paar Äste und darüber flach gewalzte Blechkanister, die eine Art Dach bilden.
Ich schaue hinaus, und die Aussicht ist atemberaubend schön, tief unten ein fruchtbares Tal im Morgenlicht, dahinter wieder Berge, die sich immer höher auftürmen bis zur Hauptkette des Himalaja, Schneeriesen mit 6000 Meter Höhe und mehr. Dieser Blick lässt einen die Kargheit des Wohnorts vergessen, und auch etwas anderes hält die Seele hier so in ihrem Bann, dass der gewöhnliche Alltagsverstand sich einen Ankerpunkt suchen muss, um nicht unruhig zu werden:
Blink … blink … blink …
Der Digitalwecker erinnert noch an die Wirklichkeit der modernen Welt, die man hier sonst ganz vergessen könnte.

Vor kurzem habe ich meinen tibetischen Lehrer wieder getroffen. Ich war nach unserer ersten intensiven Begegnung nach Hause zurückgekehrt, hatte dort alles abgeschlossen und mein Leben in Ordnung gebracht und war dann nach Indien gekommen, um hier auf unbestimmte Zeit zu bleiben.

Das alles hatte etwa zwei Jahre gedauert, und jetzt war ich hier; wirklich hier.
Schon am Tag unserer Begegnung, nach meinem Zusammentreffen mit einem großen tibetischen Meditationsmeister, war ich in der Nacht aufgestanden und auf den Platz vor meiner Höhle getreten – und dann hatte mein Körper begonnen, sich allmählich aufzulösen: Ich war gar nicht aufgestanden, es war ein Traum gewesen, so deutlich wie die Wirklichkeit.
Traum und Wirklichkeit, die Welten gehen hier durcheinander. Das eine beeinflusst das andere, das eine ruht auf dem anderen. Die Gesetze und die Logik verschieben sich.

Als ich hier ankam, nach den zwei Jahren, wollte ich mir zuerst beim Heiligen See tief unterhalb der Einsiedelei ein „Zimmer" nehmen. Aber noch bevor ich dazu kam, hatte mich schon ein junger Mann von den Höhlen entdeckt und angesprochen. Der Sendbote nahm mich dann gleich mit hinauf, und so kam es, dass ich schon die erste Nacht nach meiner Ankunft in einer Klause verbringen konnte. Ein paar Wochen später war dann auch der tibetische Meister von einer längeren Reise zurückgekehrt, und ich konnte ihn wieder sehen und sprechen.
Ich hatte schon bei meinem ersten Besuch mit den wenigen Westlern, die hier lebten, Bekanntschaft gemacht und kam jetzt wie zu alten Freunden zurück.
Die Stimmung war hier heroben sehr freundschaftlich. Wenn einer ins Dorf ging oder hinunter zum See, dann brachte er oft den anderen von seinen Einkäufen etwas mit: frisches Gemüse, Eier, Obst oder was es sonst noch gab. Da das alle so hielten, konnte man seine Küchenvorräte ständig auffrischen. Das wurde natürlich nicht nur von den Westlern so gehalten, sondern auch von den Tibetern, die hier lebten. Eine Gemeinschaft von Gleichgesinnten, die vor allem zweierlei zusammenhielt: der gemeinsame Wohnort und die Liebe zum Geist. Ein Leben wie in der Urkirche.
Öfters gab es kleine Treffen der Westler. In einer rauchigen Höhle saß man dann am Abend beim Feuer zusammen, erzählte Geschichten und aß die einfache Kost, meistens Eintopf. Einmal in der einen

Höhle, dann wieder in einer anderen. Da jeder nur die notwendigsten Dinge besaß, hieß es bei solchen Einladungen immer: *Bring your plate!* – „Bring deinen Teller mit!“, denn es gab natürlich nicht genügend Geschirr im Haushalt, um alle zu bewirten. Alle, das waren gewöhnlich drei oder vier Frauen und Männer: Engländer, Amerikaner, Kanadier, Australier, Südamerikaner, Europäer, die verschiedensten Nationalitäten waren hier vertreten. Die Mehrzahl der Einsiedler waren natürlich Tibeter, aber es gab eben auch eine Handvoll „Ingis“, also Westler, denn für die Inder ist jeder hellhäutige Fremde ein Engländer, also ein *English(man)* oder einfach ein „Ingi“.

Ungewöhnliche Freundschaften bildeten sich in dieser Gemeinschaft und unter diesen exotischen Bedingungen. Der Gesprächsstoff war hier ein anderer als am Stammtisch daheim oder in der Familie oder gar in der modernen Arbeitswelt.
Träume, Mythen, Gedanken, Meditationen; der Reichtum der geistigen Welt stand hier im Vordergrund.
Wenn wir uns am Morgen trafen, gab es zwei Standardfragen: Was hast du geträumt? Und: Was hat die Ratte heute Nacht wieder angerichtet?
Die Träume waren wichtig, um den Fortgang der geistigen Übungen richtig einzuschätzen, und die Ratten gehörten zum lebenden Inventar jeder Höhle. Manchmal witzelten wir, dass diese Ratten jeden Abend eine Versammlung beim Lama, dem tibetischen Meister, abhielten und er ihnen dabei die jeweilige Aufgabe zuteilte. Beim einen sollten sie die Essvorräte plündern, beim anderen das Bett annagen, beim dritten ein Loch in das Gewand fressen usw. usw.
All diese Dinge waren nämlich nicht nur nötig, um Gesprächsstoff für den nächsten Morgen zu liefern, sondern sie waren immer auch sehr gezielte Hinweise auf den Zustand des eigenen Geistes, auf die Qualität der Gelassenheit und der Geduld.

Die großen Themen waren hier die Themen der geistigen Entwicklung, der Meditation und der Seele.
Aber wie hatte das alles eigentlich begonnen?

Wie ich zu den Höhlen kam

Manchmal werde ich gefragt, wie ich eigentlich zu den Höhlen kam; aber das ist eine lange Geschichte, vielleicht sogar eine sehr lange.
Ich erinnere mich zum Beispiel, dass meine Mutter eine Küchenwaage hatte, mit einem verschiebbaren roten Gewicht, auf dem „Tara" geschrieben war. Ich war damals ein Kind von fünf oder sechs Jahren und fragte meine Mutter, was dieses Wort zu bedeuten habe, denn es erinnerte mich an etwas.
Meine Mutter hatte keine Ahnung und erklärte mir etwas von den Gewichten, aber ich war mit dieser Antwort nicht zufrieden. Ich wusste, da gibt es noch etwas anderes, aber in meiner ganzen Umgebung konnte mir niemand etwas dazu sagen.
Erst viel, viel später erfuhr ich, dass „Tara" der Name für den weiblichen Teil des Erleuchtungsgeistes ist, wie er in Indien und im Buddhismus verehrt wird.
Später in meinem Leben begann ich, Theologie zu studieren, ohne dass mir so recht klar wurde, wie das vor sich ging.
Ich war nach der Matura hauptsächlich damit beschäftigt, Musik zu machen. Unsere Band war recht erfolgreich, es gab eine Menge Konzerte und Plattenaufnahmen, aber ich wollte doch auch etwas studieren. So belegte ich verschiedene Fächer, unter anderem auch Theologie, weil mir das einen sicheren Aufschub für das Militär verschaffte.
Da ich dieses Fach nun schon inskribiert hatte, wollte ich mir auch einmal eine Vorlesung anhören, und ging daher hin. Es war eine Vorlesung über Metaphysik. Ich setzte mich hin und hörte dem Vortrag zwei Stunden lang aufmerksam zu. Dann war ich etwas verwirrt. Ich hatte mich bisher für einen einigermaßen intelligenten Menschen gehalten, aber jetzt hatte ich zwei Stunden lang überhaupt nichts verstanden, obwohl der Professor einen sehr guten Eindruck auf mich machte.
Das wollte ich nicht auf mir sitzen lassen und kam wieder und wieder. Und allmählich begann sich mir das Feld zu erschließen, und ich

bemerkte, dass ich ein natürliches und tiefes Verständnis für geistige Zusammenhänge hatte. Von meiner Familie und aus meiner Umgebung konnte das nicht kommen. Woher also?
Wie dem auch sei, ob ich in meinem früheren Leben – falls es so etwas gibt – schon Verbindungen zum Buddhismus und zur Spiritualität gehabt hatte oder nicht, wer kann das entscheiden?
Sicher ist jedenfalls, dass mich mein Lehrer wie ein Magnet aus der Ferne angezogen und zu sich geleitet hat, denn auf Zufall konnten diese Ereignisse nicht beruhen.

Kommen wir also zu unserer ersten Begegnung.
Bei mir waren die Dinge in Österreich zunächst sehr gut und dann sehr schlecht gelaufen. Ich hatte gerade eine unglückliche Liebesgeschichte erlebt, und bei der Musik gab es auch gerade ein Tief. So wollte ich einmal etwas ganz anderes machen und sehen und ging ins Reisebüro.
Was habt ihr, möglichst weit weg?
Es gab Australien und Indien mit sehr günstigen Studentenflügen. Australien war mir zu weit und zu fremd, aber Indien zog mich magisch an.
In Wien war ich öfter in einem indischen Lokal gewesen, dem Taj Mahal, und war dort von den feinen Speisen und der Schönheit der Wirtin, einer echten Inderin, sehr beeindruckt.
So buchte ich den Flug nach Kalkutta, und eine Weile später ging es los.

Die Landung in Kalkutta, wir schrieben damals das Jahr 1979, war nach der Hightech-Atmosphäre des Fluges eine schwere Erschütterung. Es war gerade Monsunzeit, heiß und schwül, und die Stadt und die hygienischen Verhältnisse kamen mir am Anfang grauenhaft vor. Ich war wie erschlagen von all dem Elend und der Primitivität, die ich auf den Straßen sehen konnte. Schon am ersten Tag war ich völlig erschöpft, und angesichts all dieses Leides waren meine eigenen Probleme völlig in den Hintergrund getreten. Was war schon eine unglückliche Liebesbeziehung und was waren schon ein paar Berufssorgen angesichts dieser Stadt!

Allerdings änderte sich schon am Abend das Bild. Ich erlebte in all der Not eine herzliche Freundlichkeit und Verbundenheit aller Menschen miteinander, wie ich sie zu Hause nie kennen gelernt hatte. Die ganze Stadt kam mir jetzt, nachdem die Hitze nachgelassen hatte, wie ein riesiger Jahrmarkt und wie ein Festgelände vor.
Ich reiste dann weiter nach Delhi, und dort hatte ich die erste Begegnung, die mich direkt zu meinem Lehrer führte.
Ich wohnte in der Jugendherberge und ging eines Morgens zum Frühstück in die Halle, als mir eine junge Frau auffiel. Es ist natürlich nichts Besonderes, wenn eine junge Frau einem jungen Mann auffällt, aber hier war es etwas anderes.
Diese Frau bewegte sich nämlich ganz anders, als sich westliche Menschen im Allgemeinen bewegen. Ihr Gang war rund und geschmeidig wie der eines wilden Tieres in Freiheit. Ich ging auf sie zu und fragte sie, wer sie wäre und woher sie käme.
Sie gab mir bereitwillig Auskunft, und ich war sehr beeindruckt, als sie mir erzählte, dass sie gerade längere Zeit in einer Höhle verbracht habe, um zu meditieren. Auf einen Zettel schrieb sie mir den Namen des Ortes, wo das gewesen war, und dann trennten sich unsere Wege wieder.
Ich steckte den Zettel zu mir, ohne genau darauf zu achten und ohne Absicht, der Sache weiter nachzugehen.

Die Hitze in der indischen Tiefebene ist im Sommer für einen Europäer kaum erträglich. So reiste ich auf die Berge zu und kam zunächst nach Simla. Simla ist der alte Sommersitz der englischen Kolonialregierung und liegt wunderschön auf einem Bergkamm. Von hier aus sah ich zum ersten Mal die Schneeriesen des Himalajas und konnte mich in der kühlen Luft ein wenig vom Dunst der Tiefebene erholen. Freunde rieten mir, von hier weiter nach Manali zu fahren, was ich nach einiger Zeit auch tat. Während der langen Busfahrt hielten wir an einer größeren Station, und ich schaute mich etwas um. Auf einer Anschlagtafel sah ich den Namen eines Ortes, der mir bekannt vorkam. Ich kramte in meinen Taschen und fand tatsächlich den Zettel aus der Jugendherberge in Delhi. Die Namen stimmten überein!

So beschloss ich, bei der Rückfahrt hier Halt zu machen und den Bus zu der kleinen Ortschaft zu nehmen.
Manali war sehr interessant, denn neben der spektakulären Aussicht kam ich hier zum ersten Mal mit dem tibetischen Buddhismus in Berührung. Es gab hier riesengroße Gebetsmühlen, die am Abend im Schein der Butterlampen einen ungeheuer mystischen Eindruck auf mich machten; eine fremde, aber doch auch bekannte, faszinierende Welt.
Am Rückweg machte ich mich dann auf die Suche nach dem kleinen Ort vom Zettel und kam nach einer abenteuerlichen Schaukelei tatsächlich an. Es war ein Vulkanberg, und etwa auf halber Höhe über dem Tal hatte sich ein Krater mit Wasser gefüllt. Hier war also ein kleiner See entstanden, umgeben von einem Schilfgürtel und in einer wunderschönen Landschaft.
Als ich den Ort erreichte, fühlte ich mich sofort wie zu Hause. Indien war für mich sehr anstrengend gewesen, aber hier hatte ich das Gefühl, das Ziel meiner Reise erreicht zu haben, und entspannte mich sofort.
Neugierig und beglückt wanderte ich um den See, aber schon nach kurzer Zeit sprach mich jemand an und sagte mir, dass ich in die falsche Richtung ginge.
In die falsche Richtung? Wie konnte der Mensch wissen, wohin ich wollte?
Das Missverständnis klärte sich sofort auf. Dies war ein Wallfahrtsort, ein Heiliger See, und es war üblich, ihn in der richtigen Richtung, also im Uhrzeigersinn, zu umwandern.
Der Mann sah natürlich sofort, dass ich fremd hier war, und fragte, wo ich wohnen wolle. Es gebe hier kein Hotel, aber dafür seien zwei Klöster da, die Pilger aufnehmen würden. Das eine sei berühmt für Läuse, das andere für Flöhe.
Ich entschied mich für das Floh-Kloster und bekam dort tatsächlich ein Zimmer; einen leeren Raum ohne jede Einrichtung.
Nachdem ich mich einigermaßen eingerichtet hatte, machte ich mich auf die Suche nach den Höhlen, von denen die junge Frau in Delhi gesprochen hatte. Ich schaute mich um und sah einen kleinen Pass, auf den ich zuhielt. Ich erreichte ihn auch leicht, aber von den Höh-

len gab es hier keine Spur. Dafür war der Abend gekommen, und ich konnte das Schauspiel eines Sonnenuntergangs mitten in den Wolken und angesichts der Hauptkette des Himalajas in vollen Zügen genießen. Niemals zuvor hatte ich etwas so spektakulär Schönes gesehen, und ich hatte den deutlichen Eindruck, hier an einem besonderen Ort gelandet zu sein.

Ich machte mich in den nächsten Tagen weiter auf die Suche, konnte aber zunächst nichts finden.

Erst am dritten Tag hatte ich den Eindruck, am rechten Weg zu sein. Eine steile Steintreppe führte hier auf den Berg, höher und höher hinauf. Hier musste es Menschen geben, denn der Weg war breit und in gutem Zustand. Er wurde offensichtlich häufig benutzt.

Auf halbem Weg zur Passhöhe gab es eine gefasste Quelle, wo ich mich etwas von der Hitze und vom Weg ausrastete. Während ich so saß, kam ein Inder auf mich zu und gab mir eine Botschaft zu lesen. Ich war sehr überrascht. Wer kannte mich hier? Wer konnte mir hier eine Botschaft senden?

Die Botschaft war in Englisch geschrieben, aber nicht an mich gerichtet, sondern an jemanden unten im Dorf. Trotzdem bestärkte mich die Begegnung sehr darin, weiter hinauf zu gehen. Außerdem wusste ich nun, dass oben jemand sein musste, der Englisch konnte, und ich merkte mir den Namen, mit dem der Brief unterzeichnet war. Dann ging ich weiter und kam schließlich nach einem steilen Aufstieg am Pass an.

Der Pass war zugleich der Kraterrand, und hier eröffnete sich ein weiterer spektakulärer Ausblick. Man konnte von hier in das Innere des Vulkans, in den offenen Gipfel schauen. Felswände wie mit dem Messer geschnitten, einige kleine und mittlere Seen in ehemaligen Kratern, ein kleines indisches Bergdorf mit grünen Feldern und Häuschen, ein schattiger Baum und dazu die kühle Brise, die in der Hitze des Tages eine wahre Wohltat war. Zudem waren auf allen Felsen, die man hier in der Nähe sehen konnte, in verschiedener Größe seltsame Zeichen eingemeißelt. Ich erfuhr bald, dass dies tibetische Mantras waren, eine übliche Dekoration für wichtige Wallfahrtsorte. Nachdem ich mich eine Weile umgeschaut hatte, bemerkte ich zwischen den Felsen etwas, das wie eine kleine Hütte aussah, und ging darauf zu. Eine ältere tibetische Nonne kam mir gleich entgegen und fragte, was ich wolle. Ich verstand natürlich kein Wort, nannte aber den Namen, den ich auf dem Zettel gelesen hatte. Die Tibeterin verstand, nahm mich bei der Hand und führte mich etwa zehn Minuten lang durch das wildromantische Gelände, bis sie mich schließlich vor der kleinen Holztür einer Klause absetzte. Ich dankte ihr, so gut ich konnte, und machte mich dann bemerkbar.

Es stellte sich heraus, dass ich vor der Tür einer Amerikanerin gelandet war, die hier schon seit fünf Jahren in der Einsiedelei hauste. Sie sagte, sie sei gerade mitten in einer Übung, aber wenn ich eine Weile warten wolle, könnten wir uns nachher unterhalten. Ich willigte ein und setzte mich auf ein Brett vor ihrer Tür, während sie mich noch fragte, ob ich die Drachen singen hören könne.

Ich verneinte, war aber schwer beeindruckt.

Während der Wartezeit, die nun folgte, konnte ich mich völlig entspannen. Ich war hier wie in einer anderen Welt angekommen, einer Welt, die mir zugleich fremd und doch sehr vertraut vorkam. Es war Nachmittag, angenehm warm, und von hier hatte man eine wunderschöne Aussicht über das Tal. Etwas unterhalb, bei einem kleinen Teich, sah ich, wie einige Menschen voller Lebensfreude herumliefen und dabei lachten.

Schon lange Zeit hatte ich kein Bild solcher Entspannung und zugleich solch tiefen geistigen Friedens erfahren.

Nach einer Weile war die Amerikanerin mit ihrer Übung am Ende, und wir konnten uns ausführlich unterhalten.

Ich kam in den nächsten Tagen immer wieder, und als sie bemerkte, dass ich an der Religion interessiert war, fragte sie, ob ich nicht auch ihren Lehrer kennen lernen wolle, den Anführer und Meister der kleinen Einsiedelei.

Ich war natürlich gleich dabei, und wir machten uns auf den Weg. Aber am ersten Tag gab es keine Begegnung. Er war nicht da.

Wir versuchten es am nächsten Tagen wieder, aber er war wieder nicht da.

Erst am dritten Tag hatten wir Glück. Aber jetzt wurde es sofort sehr intensiv.

Nach der ersten Begrüßung bekam ich sofort die grundlegenden

Belehrungen der tibetischen Meditationstradition, des Mahamudra. Alles vollzog sich in einer höchst menschlichen und direkten Atmosphäre.
Ich hatte ja Theologie studiert und auch einiges anderes kennen gelernt, aber was ich jetzt erlebte, war mir neu.
Ich fühlte mich körperlich und seelisch vollkommen verwandelt, und als ich mich am Abend auf eine Bank am Ufer des kleinen Sees setzte, in dem Ort, wo ich wohnte, spürte ich, dass ich hier an etwas sehr Wesentliches geraten war. Ich wiederholte im Geist, was ich gehört und erlebt hatte, und spürte, wie sich mein Wesen dabei verwandelte.
Ich stieg weiterhin jeden Tag auf den Berg und konnte den tibetischen Lama jeden Tag sprechen. In kurzer Zeit entwickelte sich eine tiefe und herzliche Beziehung, die von größter Achtung getragen war. Es ging in dieser Weise etwa eine Woche weiter, dann musste ich aus verschiedenen Gründen den Ort verlassen. Zum einen hatte ich eine Vereinbarung in Delhi einzuhalten, und zum anderen spürte ich, dass meine Gesundheit einem längeren Aufenthalt hier nicht gewachsen war. Die hygienischen Verhältnisse waren grauenhaft, und ich hatte ständig Durchfall. Außerdem hatte sich natürlich die Warnung vor den Flöhen im Kloster bewahrheitet.

Zum Abschied, nachdem ich ihm aus ganzem Herzen für die Belehrungen gedankt hatte, lud mich mein Lehrer, was er inzwischen geworden war, ein, wiederzukommen. Ich nahm diese Einladung freu- dig an, denn ich wusste, ich würde in meinem Leben keine zweite solche Gelegenheit bekommen.
Gleichzeitig wusste ich aber auch, dass dieser Weg höchste Ansprüche an mich stellen würde – ich war bereit dazu.
Als ich nach knapp zwei Jahren wiederkam, um jetzt für einige Jahre zu bleiben, erzählte mir die amerikanische Übersetzerin, dass sie die Woche der Belehrungen damals sehr genossen habe. Sie sagte, dass der Lama sonst gewöhnlich nur einzelne kleine Belehrungen gegeben habe. Ich hingegen hatte auf einmal das Ganze bekommen, eine wunderbare Zusammenfassung der wichtigsten Belehrungen dieser Tradition. Kein Wunder, dass es mich so verwandelt und ergriffen hatte.

Der Weg meines Lehrers

Tibet

Der andere Teil der Geschichte beginnt in Kham. Kham, was ist das? Es ist der wilde Teil des verborgenen Landes Tibet. Hohe Berge, Gletscher, reißende Gebirgsströme, entlegene Wälder und Hochalmen, Yakherden und einzelne Dörfer und Klöster. Es ist ein raues Land mit einfachen, naturverbundenen Menschen. Und trotzdem oder gerade deshalb kommen von hier viele der großen tibetischen Meister.

Vielleicht liegt das daran, dass in der klaren Bergluft und der großartigen Landschaft mancher spontan zu meditieren beginnen mag. Oder es liegt daran, dass hier schon viele große Heilige gelebt und meditiert haben, so dass die ganze Atmosphäre mit Segen und spiritueller Kraft erfüllt ist.

Wie dem auch sei, mein Lehrer war der Sohn einer Nomadenfamilie in diesem gesegneten und entlegenen Land. Als Kind hatte er die Blumenwiesen der Sommerweiden geliebt, den Winter verbrachte die Familie meist in einem Haus im Dorf des Tals, gute 4000 Meter über dem Meer.

Mit sieben Jahren begann sein geistiger Weg. Ein Verwandter lebte und praktizierte in einer Bergeinsiedelei, und hier sollte das Kind lesen und schreiben lernen. Das freie Leben der Mönche und die geistige Atmosphäre dort oben hätten ihm gut gefallen, erzählte mir mein Lehrer später.

Aus diesen Jahren war ihm auch eine andere Geschichte in Erinnerung geblieben, die sein Leben und seinen Weg geprägt hatten: Er war mit seiner kleinen Schwester an einem Flussufer unterwegs, als das Kind zu seinem Schrecken ausrutschte und in den reißenden Strom stürzte. Das Wasser war aufgewühlt und undurchsichtig braun, dazu eiskalt und eine Rettung des Mädchens schien unmöglich.

Trotzdem besann er sich keinen Augenblick, sondern sprang sofort in den Fluss. Im Wasser tastete er umher und rief dabei die grüne Tara um Hilfe an. Wenige Augenblicke später bekam er das Füßchen seiner Schwester zu fassen, und es gelang ihm, sich unter Aufbietung all seiner Kraft mit ihr ans Ufer zu retten.
Seither ist sein Vertrauen zu dieser Kraft unerschütterlich, und ihre Hilfe begleitet ihn durch sein ganzes Leben.
Viele Jahre später, er war schon an seinem Ziel, dem heiligen Berg in Indien, angelangt, hatte er einen besonderen Traum oder eine Vision von seiner Tara. Er war in der Meditation kurz eingenickt und sah nun auf der Passhöhe vor sich ein Mandala-ähnliches Gebilde. Dazu hörte er Stimmen, Frauenstimmen, die einander zuriefen, dass sie zu einem Fest zum See hinunter gehen wollten. Eine von ihnen, die ihm wie eine schöne, tibetisch gekleidete Dame erschien, sagte: „Nein, ich kann nicht mitkommen, ich muss dem da helfen!" Mit „dem da" war er gemeint, und es ist bis heute offensichtlich, dass ihm eine gute und hilfreiche Kraft zur Seite steht. Sei es beim Bau eines Klosters, sei es in der amerikanischen Botschaft in Delhi.
Aber ich will nicht zu sehr vorgreifen. Kehren wir also in die Geschichte zurück.

Nach einigen Jahren als Kind in der Einsiedelei wurde mein Lehrer als Mönch ordiniert und trat in ein nahe gelegenes Kloster ein, wo er die übliche Grundausbildung erhielt: zunächst das Studium der Texte, dann die Philosophie und die Bedeutung und natürlich die Praxis. Er lernte auf diese Weise verschiedene große Lehrer kennen, unter anderem den Mahasiddha (Wundertäter) Sangchub Dorje, der auch der Lehrer von Namkhai Norbu war, der nur wenige Tagesreisen vom Kloster entfernt wohnte.
Ein anderer Schüler des Klosters besuchte den Heiligen häufig. Eines Tages klagte er darüber, dass bei der Klause des Klosters oben am Berg, dem Rückzugsort der Mönche, das Wasser nur sehr schwer zu beschaffen wäre. Sangchub Dorje beruhigte ihn, er würde schon Hilfe schaffen. Und kurze Zeit später sprudelte plötzlich oben am Berg eine neue Quelle.
Seltsam, wie sich doch die Geschichten gleichen. Am heiligen Berg

Athos in Griechenland war einer der ersten Eremiten aufgebrochen, um Wasser zu suchen, als ihm in der Wildnis eine Dame erschien. Er fragte, wer sie wäre, und sie antwortete: „Ich bin die Mutter des Herrn." Dann sicherte sie ihm und seinen Nachfolgern ihre Hilfe zu, und am Ort ihrer Begegnung begann eine Quelle zu sprudeln.
Die Quelle fließt bis heute, und die Nachfolger des Eremiten bauten ein großes Kloster: die Lavra. Als einziges hat dieses Kloster keinen „Öko Nomos", also keinen Mönch, der das Vermögen verwaltet. Maria hat ihre Unterstützung zugesichert, und darauf bauen die Mönche seit 1000 Jahren.
Quellen zur Unterstützung des Geistes – Legenden oder Wahrheit? Sicher ist, dass der geistige Weg vom Vertrauen in die Güte der Wirklichkeit getragen wird; und dieses Vertrauen bleibt selten unbelohnt.

Als die Ausbildung zu Ende war, machte er sich auf die Wanderschaft, um die wichtigsten heiligen Stätten in Tibet zu besuchen, um intensiv zu praktizieren. Außerdem wollte er das freie Leben eines Wandermönchs führen, denn das geordnete Leben und die Rituale im Kloster hatten ihm nie sehr zugesagt.
Nach den Lehr- und Wanderjahren blieb er eine Weile in Lhasa, wo ein Verwandter des Abtes seines Stammklosters ein Haus und eine Herde schöner Pferde besaß.
Dort hatte er einen merkwürdigen Traum: Das ganze Tal füllte sich mit einer roten Flüssigkeit, wie Blut. Da die Situation mit den Chinesen zu dem Zeitpunkt schon sehr angespannt war, deutete er dieses Zeichen als Warnung und rüstete sich zur Flucht. Sein Freund mit den Pferden wollte nicht mitkommen. Er hat ihn nie wieder gesehen.
Er schlug jedenfalls den Weg Richtung Indien ein und traf in einem Kloster, schon nahe der Grenze, seinen alten Mahamudra-Lehrer zusammen mit anderen Bekannten aus dem Stammkloster. Nach und nach brachen alle anderen auf, aber der alte Lehrer war schon sehr schlecht zu Fuß und fürchtete, er könne den schweren Weg über die Berge nicht meistern.
Da erklärte sich mein Lehrer bereit, ihn auf seinen Schultern zu

tragen. Und so überquerte die kleine Gruppe in 21 Tagesmärschen über Stock und Stein die Berge und Pässe zwischen Indien und Tibet in einer abenteuerlichen Flucht vor den nachdrängenden Chinesen. Völlig erschöpft kamen sie auf der anderen Seite der Berge an und wurden durch ein Hilfsprogramm der indischen Regierung nach Süden gebracht.

Erschöpft von den Strapazen und angegriffen vom plötzlichen Klimawandel, erkrankten viele Tibeter, und einige von ihnen starben. Auch mein Lehrer war lebensgefährlich an Tuberkulose erkrankt, wurde aber in ein Spital in Bombay, heute Mumbai, gebracht und zum Glück bald geheilt.

Was nun?

Schon in Tibet war mein Lehrer in den Schriften auf einen besonderen Ort aufmerksam geworden. Die Schriften erzählen nämlich von einem Ort mit einem Heiligen See in den Bergen, an dem Guru Rinpoche, der Religionsgründer der Tibeter, eine seiner wichtigsten Schülerinnen, die indische Prinzessin Mandarava, getroffen, und ihr Königreich dem Buddhismus zugeführt haben soll. Dieser Ort in den Vorbergen des Himalajas war manchen Flüchtlingen als Wallfahrtsort aus früheren Zeiten schon bekannt. Und dorthin machte er sich nun auf den Weg.

Guru Rinpoche und Mandarava

Der Heilige See, den die Tibeter „Lotus-See“ nennen *(Tso Pema)*, der Berg und die Höhlen gehören zu Guru Rinpoche. Er ist hier allgegenwärtig. Überall sieht man seine Bilder, es gibt Statuen in allen Größen – die größte wurde eben gebaut und ist über 30 Meter hoch; seine Ikone ist auf Gebetsfahnen gedruckt und überall hörte man sein Mantra erklingen: *Om Ah Hung Benzam Guru Padma Siddhi Hung.* Jeder 10. Tag im Mondmonat der Tibeter ist ihm geweiht, und an diesem Tag finden lange religiöse Zeremonien statt.

Wer ist dieser Guru Rinpoche?

Er ist der große buddhistische Apostel Tibets und eine herausragende Gestalt des tantrischen Buddhismus; Autor des Tibetischen Totenbuchs, eine Schlüsselgestalt in der Übertragung der Dzogchen-Linie.

Er ist auch der Gründer der ersten der vier großen Schulen im tibetischen Buddhismus: der Nyingmapa-Linie.
Da er wusste, dass die Menschen seiner Zeit für viele seiner Lehren noch nicht reif waren, hinterließ er eine große Zahl von „Verborgenen Texten", von „Termas", also von spirituellen Schätzen, die von großen Meistern entdeckt und zur rechten Zeit an die Menschen weitergegeben werden. Guru Rinpoche war auch ein großer Visionär und Prophet. Von ihm stammt zum Beispiel der Ausspruch: „Wenn der Eisenvogel fliegt, werden die Tibeter ihr Land verlassen und in alle Welt verstreut werden." Ein Schicksal wie das der Juden 2000 Jahre vorher. „Eisenvogel" ist wohl die beste Beschreibung, die man mit den alten Bildern für ein Flugzeug geben kann.
Guru Rinpoche wurde in einem Land in der Gegend des heutigen Pakistan „geboren", damals eines der Zentren des Mahayana-Buddhismus am Verbindungsweg zwischen Asien, Afrika und Europa.
Es heißt auch, er habe keine menschliche Mutter, sondern sei in wunderbarer Weise aus einem Lotus in der Mitte eines Sees hervorgegangen; ein Geschenk von Buddha Amitabha an die Welt.
Etwa im achten Jahrhundert n. Chr. wollte der tibetische König Thrisong Detsen den Buddhismus in seinem Land einführen, also die hoch verfeinerte Religion des indischen Tieflandes in sein raues Bergreich bringen. Er ließ ein Kloster bauen, aber der Bau wollte nicht gelingen. Immer wieder zerstörten Erdbeben und Hagelstürme das Vorhaben. Ein großer Magier war notwendig, um die geistigen Widerstände zu überwinden und um dem Bauplatz zu schützen. So lud der König den größten tantrischen Meister seiner Zeit ein, ihm bei der Missionierung seines Landes zu helfen: Guru Rinpoche, genannt Padmasambhava, der Lotus-Geborene.
Der Heilige See und der Berg liegen am Weg von Pakistan nach Tibet, und hier, an einem Naturheiligtum, das bereits im großen indischen Epos *Mahabharata* erwähnt wird, hatte sich schon etwas vorbereitet. Der König dieses Landes, eines kleinen Reiches in den Bergen, hatte eine schöne Tochter mit dem Namen Mandarava. Diese Tochter war nicht an weltlichen Dingen interessiert, sondern wollte einen geistigen Weg gehen. Sie wies, natürlich gegen den Willen ihres Vaters, alle Bewerber um ihre Hand ab und zog sich, nur von einigen Ge-

Der Blick über den Heiligen See, hin auf zwei tibetische Klöster und die Riesenstatue von Guru Rinpoche (auch unten). Das größere Kloster ist das meines Lehrers.

Die Riesenstatue von Guru Rinpoche in seiner friedvollen, aber ernsten Form. Vom Lotus, auf dem die Statue thront, bietet sich eine wunderbare Aussicht (unten links); rechts einige Künstler bei der Arbeit.

Das Zentrum des Wallfahrtsorts bei den Höhlen: die kleine Höhle der Prinzessin Mandarava im Inneren des Berges und darunter die Statue von Guru Rinpoche in der großen Höhle.

Die Grüne Tara der Tibeter in ihren 21 Manifestationen. Ein Bild von Kay Konrad, einem deutschen Maler, der einige Zeit bei den Höhlen verbracht hat. (Von ihm stammt auch das Bild auf Seite 123 zum Kapitel „Christentum und Buddhismus“.)

fährtinnen begleitet (die Schriften sprechen von 500), in die Einsamkeit der Berge zurück, um zu praktizieren. Guru Rinpoche erkannte diese Situation und suchte die Prinzessin auf seinem Weg nach Tibet auf, um zu lehren und mit ihr eine Weile zu leben. Der Ort: das Naturheiligtum und die Höhlen am Pass des Vulkanbergs.

Nach einiger Zeit meldete sich ein Schäfer beim König und erzählte, was er in den Bergen gesehen hatte: einen spirituellen Meister und bei ihm eine Schar schöner junger Frauen, unter ihnen die Prinzessin Mandarava.

Als er das hörte, ärgerte sich der König sehr und schickte einen Trupp Soldaten aus, um der Sache ein Ende zu bereiten. Mandarava wurde in die Hauptstadt gebracht und in eine Dornengrube geworfen. Guru Rinpoche wurde gepackt und an Ort und Stelle auf einem großen Scheiterhaufen verbrannt.

Gewöhnlich brennt so ein Scheiterhaufen zwei bis drei Tage. Als aber nach dieser Zeit noch immer Rauch zu sehen war, schickte der König einen Kundschafter in die Berge, um nachzusehen, was da los sei.

Der König wollte den Worten seines Boten nicht glauben und zog daher am nächsten Tag selbst hinauf, um nachzusehen. Was er hier sah, überwältigte ihn, denn der Scheiterhaufen und das Feuer hatten sich in einen See verwandelt, in dessen Mitte ein wunderschöner Lotus erblühte, und auf dem Lotus saß, völlig unversehrt, Guru Rinpoche.

Der König war so beeindruckt von diesem Anblick, dass er sich vor dem Meister verneigte, seinen Widerstand aufgab, seine Tat bereute und ihm seine königlichen Kleider zum Geschenk machte.

Er schickte einen Boten zu Mandarava, um sie aus der Grube zu befreien, aber sie bestand darauf, dass ihr Vater selbst kommen müsse, sich zu entschuldigen und ihr aus dem Gefängnis zu helfen.

Als das alles geschehen war, wurde das Land buddhistisch, und Mandarava wurde eine der zwei Hauptschülerinnen von Guru Rinpoche. Wunderschöne Meditationsbelehrungen handeln von den Abschiedsworten des Meisters, als er die Prinzessin verließ, um nach Tibet zu gehen.

Am Ziel

Dieser Ort und diese Höhle waren also das Ziel meines Meisters, damals ein junger Mönch im fremden Land mit einem neu geschenkten Leben.
Er wanderte in die Berge und fand glücklich den See mit dem Schilfgürtel. Ein kleines tibetisches Kloster, das zu der Zeit fast verlassen war und in dem nur mehr zwei oder drei Mönche hausten, lag an dem See, ebenso wie mehrere hinduistische Tempel und eine Gurdwara, eine Gebets- und Schulstätte der Sikhs.
Er machte sich auf die Suche nach den Höhlen am Berg, die damals in Vergessenheit geraten waren. Bald wurde er fündig und legte den Ort frei, der in den Schriften erwähnt wird. Er musste den Sand aus der Höhle entfernen und fand nach einiger Zeit Reste von alten Statuen, die ihm zeigten, dass er am richtigen Weg war.
Hier siedelte er sich also an, um sich wie der Buddha oder wie Milarepa in der Einsamkeit der Meditation zu widmen.
Einmal gab es schweren Schneefall, so dass er die Höhle für mehrere Tage nicht verlassen konnte, ein andermal wurden ihm die wenigen Dinge, die er besaß, gestohlen.
Die Menschen, die in dem kleinen Dorf am Berg lebten, waren ihm freundlich gesonnen. Am Gipfel des Berges befand sich ein hinduistisches Heiligtum, und schon öfter waren wandernde Gottesmänner hierher gekommen, um zu üben.
In der ersten Zeit machte mein Lehrer auch eine längere Pilgerfahrt nach Bodhgaya, um den großen Meister Khunu Rinpoche zu treffen, der dort lehrte. Er war damals sehr arm, also reiste er zu Fuß oder mit dem Zug, so weit er eben kam und ohne Fahrkarte reisen konnte. In Bodhgaya lebte er unter freiem Himmel, meditierte über die Belehrungen, die er bekommen hatte, und reiste nach etwa einem halben Jahr wieder in die Berge zurück, um hier seine Praxis fortzusetzen.
Auch andere Tibeter kamen und gingen.
Einmal zog er sich in eine andere, kleinere Höhle zurück, um eine besonders intensive spirituelle Übungszeit, ein *Retreat,* zu halten. In dieser Zeit kam ein Nakpa, ein verheirateter Ordensmann, mit seiner Familie, brach die Tür zur großen Höhle auf und siedelte sich dort an,

ohne meinen Lehrer dafür um Erlaubnis zu bitten. Der Tibeter blieb dort etwa drei Jahre und baute in dieser Zeit eine große und wild aussehende Statue von Guru Rinpoche im Inneren des Berges.
Nach dieser Zeit fühlte er sich aber von einem Bergleoparden ständig beobachtet und verfolgt, so dass er schließlich fluchtartig die Gegend verließ. Seine Frau kam zu meinem Lehrer, um sich von ihm zu verabschieden und für das unbefugte Eindringen zu entschuldigen. Der Mann selbst wagte es nicht zu kommen, weil er annahm, mein Lehrer habe diese Verfolgung bewirkt.
Man erzählt in der Gegend nämlich, dass sich der Ortsgeist gerne in Gestalt eines Leoparden zeigt, wenn er den Menschen seinen Unmut zeigen will.

Eine Weile später, nach Abschluss seines Retreats, kehrte mein Lehrer wieder in die große Höhle zurück. Nicht lange danach zerstörte ein schweres Erdbeben die zornvolle Statue so vollständig, dass sie neu errichtet werden musste.
Ein tibetischer Künstler kam in die Gegend und schuf dann die große Statue, mächtig und ernst, aber friedvoll, die bis heute erhalten ist und von vielen Pilgern besucht wird.
Viele Jahre der intensiven Meditation, der Aufbau einer kleinen Gemeinschaft von tibetischen Flüchtlingen am heiligen Ort und die allmähliche Anerkennung der geistigen Qualitäten meines Lehrers waren die Frucht der nun folgenden Jahre und Jahrzehnte.
Von dieser Zeit weiß ich nicht viel, außer dass es Jahre der Schwierigkeit und deren Meisterung waren. Es waren Jahre des spirituellen Fortschritts und des Aufbaus einer kleinen Gemeinschaft von tibetischen Flüchtlingen und Einsiedlern bei den Höhlen. In dieser Zeit wurde eine Gemeinschaftshöhle eingerichtet, in der regelmäßig die Pujas, die religiösen Zeremonien, abgehalten wurden, und in dieser Zeit wurden viele Mantras in verschiedenen Größen in die Felsen eingemeißelt.
Jetzt kamen auch große Meister der Tibeter an den Lotus-See, um hier zu lehren und ihr Wissen und ihre Inspiration weiterzugeben. Dudjom Rinpoche kam und gab die großen und vollständigen Einweihungen, die mehrere Monate dauern, Khunu Rinpoche kam und

lehrte über Bodhicitta und Dzogchen. Er wurde zu einer der wichtigsten Inspirationen für meinen Lehrer, und sein Bild befindet sich immer auf seinem Altar.

Es folgten viele Jahre der Praxis und der einsamen Meditation, die allmählich Früchte trugen, denn sein Ruf verbreitete sich immer weiter, und dann kamen die ersten Vortragsreisen nach Taiwan, in ein buddhistisches Land.

Mit den Spendengeldern von diesen Reisen begann er die Einsiedelei auszubauen, die große Höhle von Guru Rinpoche zum Pilgerort umzuwandeln, die Gemeinschaftshöhle mit einem Vorbau zu versehen und sein Wirkungsfeld auszubreiten.

Das tibetische System und die „spirituelle Aristokratie" sind bei den Tibetern streng organisiert. Große Lehrer werden immer wieder geboren und erhalten dann in der geistigen Hierarchie die Plätze, die sie im letzten Leben innehatten. Es ist also sehr ungewöhnlich, wenn ein einfacher Mönch Anerkennung gewinnt und zu höchsten geistigen Ehren kommt.

Hier, an diesem besonderen Ort und in dieser besonderen Geschichte, war es aber so.

Die geistige Qualität meines Lehrers wurde allgemein anerkannt. Er wurde, was wohl einzigartig ist, zum spirituellen Erzieher der Wiedergeburt des Abtes seines Stammklosters in Tibet und der Lehrer einiger anderer wichtiger Inkarnationen früherer Würdenträger. Er wurde von Karmapa beauftragt, den Bau des neuen Klosters, das im indischen Exil errichtet werden sollte, beim Heiligen See in die Wege zu leiten.

Und zuletzt begann er auch westliche Schüler anzunehmen unter anderem einen bekannten amerikanischen Psychotherapeuten, der ihm den Weg nach Kalifornien ebnete.

Die ersten Belehrungen

Die vier Gedanken, die den Geist zur Meditation führen

Das, was wirklich zählt, sind nicht die Wörter, sondern das Wort!
Die Leute waren sehr betroffen von seiner Rede, heißt es im Evangelium von Jesus, denn er lehrte sie nicht wie die Schriftgelehrten, sondern wie einer, der Kraft und Vollmacht hat.
Die Tibeter sagen, dass für gelungene Belehrungen vier Dinge zusammenkommen müssen: der erleuchtete Lehrer, der fähige Schüler, die rechte Zeit und der rechte Ort.
All diese Dinge waren offenbar gegeben, denn bei der ersten Begegnung mit meinem Lehrer begegnete ich dem „Wort".
Das Wort ist das Ganze, es ist die lebendige Situation, die spricht und verwandelt, über die Begegnung von Menschen und die unmittelbare Verbindung zur Quelle. Alles, was gesagt wird, alles, was geschieht, ist eine Ausgestaltung, ein Ornament an dem Wort.
Immer wieder habe ich erlebt, bei mir und bei anderen, wie mein Lehrer das Ganze lehrt, jeweils angepasst an die Situation und die Fähigkeiten der Zuhörer. Es ist immer alles da, der ganze Buddhismus, die Wahrheit vom Leiden, von der Unzulänglichkeit unserer Alltagswelt, von den Ursachen dieser Situation und vom Weg, der zur Lösung führt.
Die Belehrungen haben eine solche Kraft, dass sie mühelos im Gedächtnis bleiben und dass schon das Zuhören genügt, um das eigene Wesen tiefgreifend zu verwandeln.

Was waren nun die Lehren, die ich auf diese Weise in den ersten Tagen der Begegnung erhielt?
Es waren die vier Gedanken, die den Geist zur Meditation führen und die Kernbelehrungen über die Sicht des Geistes in der Dzogchen- und Mahamudra-Tradition. Ich habe diese Belehrungen oftmals wieder

gehört und sie dabei jedes Mal etwas tiefer verstanden und mich von ihrer Wirkung durch den Strom der Ereignisse meines Lebens führen und tragen lassen.
Was waren also diese Wörter, die das eine Wort, das zählt, umschreiben: Befreiung, Erlösung, Erleuchtung?

Die vier Gedanken

Das Leben ist mir geschenkt. Ich habe einen Körper, einen menschlichen Körper, mit dem ich mich frei in der Welt bewegen kann. Das ist ein unglaubliches Geschenk, ein seltener Glücksfall. Eine wertvolle Möglichkeit. So vieles ist nötig, damit ich überhaupt hier sein kann, aber ich nehme es immer als selbstverständlich, ohne mich zu bedanken und ohne mir Rechenschaft darüber abzulegen, von wie viel günstigen Umständen ich getragen werde.
Jeden Tag wachsen die Felder und das Korn, aus denen das Brot gebacken wird, das ich esse. Jeden Tag fällt der Regen, der die Quellen speist, aus denen ich trinke. Die Pflanzen atmen, damit ich atmen kann, die ganze Sphäre des Lebendigen stützt mich, damit ich mich frei bewegen kann.
Die Erde ist genau im richtigen Abstand zur Sonne, weder zu nahe noch zu fern. Nur hier können sich die Bedingungen entwickeln, die für mein Leben von Bedeutung sind.
Ich selbst bin frei von schweren Krankheiten, körperlicher oder geistiger Art, die mich hindern könnten, einen geistigen Weg zu gehen. Ich kann reisen, und ich kann dem Wort begegnen.
Das Zusammentreffen all dieser günstigen Umstände wird von den Tibetern mit einem Ochsenjoch verglichen, das auf einem großen Ozean schwimmt und von den vier Winden umhergetrieben wird. In dem Ozean lebt eine blinde Schildkröte, die alle 100 Jahre einmal ihren Kopf in die Luft streckt. Die Wahrscheinlichkeit, dass sie dabei zufällig genau das Ochsenjoch trifft, ist dieselbe wie jene, dass wir eine menschliche Existenz mit allen Freiheiten und Möglichkeiten erlangen und dazu mit der Lehre Buddhas, dem Dharma, in Berührung kommen.
Dazu kommt, dass die menschliche Existenz nicht die einzige Art für

uns ist, Gestalt anzunehmen. Wir könnten auch als Tier erscheinen und damit dem Kampf ums Überleben und der Dumpfheit ausgeliefert sein. Wir könnten als hungriger Geist existieren, ständig auf der Suche nach Nahrung, aber ohne die Möglichkeit, sie aufzunehmen. Wir könnten als Höllenwesen geboren sein, die unsägliches Leid erfahren. Wir könnten auch als „eifersüchtige Götter", als Titanen erscheinen, als Wesen mit großer Kraft und Macht, aber stets vom Wunsch erfüllt, es den wirklichen Göttern gleich zu tun. Oder wir könnten durch eine Fülle glücklicher Umstände und Leistungen als Götter geboren werden, in Pracht und Freude leben, ähnlich wie die griechischen Götter des Olymps. Aber auch diese Form hat ihre Mängel, denn sie ist nicht ewig, und das Leiden eines Gottes, der sieht, wie seine Macht und Schönheit schwindet und wie er wieder vom Strom der Wandelwelt mitgerissen wird, ist gewaltig.
Die menschliche Existenz ist die beste Voraussetzung, um einen geistigen Weg zu gehen und sich endgültig zu befreien.

Der zweite der vier Gedanken ist der Tod. Er mag uns jetzt fern und unwichtig erscheinen, aber er ist eine bestimmende Tatsache in unserem Leben. Wir haben den menschlichen Körper erlangt, aber er ist uns nicht ewig gegeben, und wir sollten die Zeit nützen, die wir haben.
Unser Leben wird mit einer brennenden Kerze verglichen. Jeden Moment kann ein Windstoß kommen und sie zum Erlöschen bringen. Wir hören von Unfällen, Krankheiten, Herzschlag. Das alles kann auch uns treffen. Und auch wenn alles gut geht, ist es doch sicher, dass keiner von uns in 100 Jahren noch hier sein wird. Alles wird sich dann verwandelt haben.
Das Gewahrsein des Todes ist kein Schreckensbild, das uns hindern soll, das Leben zu genießen, sondern es ist ein Ansporn, seine Tiefe und Vergänglichkeit wahrzunehmen und richtig zu nützen, das heißt, sich darauf vorzubereiten, was dann geschieht.
Im Todesprozess verlassen nacheinander die vier Elemente das Wesen des Menschen. Wenn das Erd-Element geht, verliert der Körper seine Bewegungsfähigkeit. Wenn das Wasser-Element geht, trocknet der Mund aus. Wenn das Feuer-Element geht, hören die

Verbrennungsvorgänge auf, und es wird kalt. Wenn zuletzt das Luft-Element geht, erlischt der Atem. Mit den Elementen schwindet auch die Kraft der Sinne, und zuletzt verliert der Mensch das Bewusstsein.
Für einen Augenblick erscheint die leuchtende Natur der Urerfahrung. Hat der Mensch sich während seines Lebens ausreichend bemüht, dieses Leuchten zu erkennen, kann er hier befreit werden.
Wenn nicht, gerät er in den Zwischenzustand, den so genannten „Bardo". Auch hier gibt es verschiedene Möglichkeiten zur Befreiung, die im tibetischen Totenbuch genau beschrieben werden. Werden alle Möglichkeiten versäumt, kommt es zu einer neuen Geburt.

Der dritte der vier Gedanken betrifft das Gesetz des Karma, des Gesetzes von Ursache und Wirkung, des Gesetzes von Aussaat und Ernte. Kurz gesagt geht es darum, dass man von einem guten Baum gute Früchte erntet und von einem schlechten schlechte.
Es geht um die Einsicht in das geistige Gesetz, dass alles, was von uns ausgeht, früher oder später wieder zu uns zurückkehrt und dass sich dieses Gesetz mit absoluter Notwendigkeit vollzieht. Wenn wir töten oder andere verletzen, werden auch wir getötet oder verletzt werden. Wenn wir gute Dinge in die Wege leiten, Werke der Selbstlosigkeit und der Nächstenliebe, dann werden wir gute Früchte ernten, glückliche Umstände und einen freien Geist. Das Gewahrsein dieser Zusammenhänge ist zugleich ernüchternd und befreiend.

Der vierte der Gedanken ist die Wahrheit vom Leiden: die Einsicht, dass alle unsere Versuche, uns hier ein dauerhaftes Glück zu schaffen, zum Scheitern verurteilt sind. Dies deshalb, weil wir von falschen Voraussetzungen ausgehen, von der Vorstellung eines ewigen, unabhängigen Ich, und weil diese Vorstellung ständig zu leidvollen Konflikten mit der Wirklichkeit führt.
Es gibt verschiedene Arten des Leidens, die uns sicher allen bekannt sind. Es gibt das Leid der Geburt, das Leid des Alters, das Leid der Krankheit und das Leid des Todes. Dann gibt es das Leid, mit Umständen konfrontiert zu sein, die wir nicht schätzen, zum Beispiel

mit Armut oder schlechter Luft. Es gibt das Leid, von Umständen getrennt zu sein, die wir wünschen. Zum Beispiel vom Besitz eines schönen Hauses, einer hohen Pension oder einer Ferienreise. Dann gibt es das Leid, mit Menschen zusammen zu sein, mit denen man nicht zusammen sein möchte. Zum Beispiel in einem überfüllten Raum oder mit dem lästigen Nachbarn. Dann gibt es das Leid, von Menschen getrennt zu sein, die man liebt. Zum Beispiel vom Partner oder von den Kindern, die in einem anderen Land leben.
All dieses Leid gründet sich darin, dass wir uns ein bestimmtes Weltbild aufbauen, das versucht, den ständigen Fluss der Wirklichkeit zu manipulieren und in einer bestimmten Gestalt festzuhalten. Da uns das nicht gelingen kann, leiden wir ständig.

Mahamudra und die Natur des Geistes

Die Wahrheiten von Leid und Tod sind unvollständig, wenn sich nicht zugleich ein Ausweg öffnet. Dieser Ausweg wurde in den Belehrungen meines Lehrers sofort spürbar – von seinen Worten ging heitere Klarheit aus, sie waren wie ein edles Glas oder eine kostbare Schale, um den Nektar des Gegenwärtigen aufzunehmen.
Wer führt?
Wer führt in unserem Wesen? Ist es der Körper, die Sprache oder der Geist?
Wer ist es, der beschließt, am Morgen aufzustehen und den mühsamen Weg auf den Berg zu machen?
Fragen dieser Art, in der rechten Weise meditiert, führen uns auf die Suche nach den Tiefen des eigenen Wesens. Und dann die Frage: Wie macht das unser Geist, dass er weit entfernte Objekte so einfach sieht, zum Beispiel den Berg gegenüber in 50 Kilometern Entfernung? Verlässt da der Geist unseren Körper und geht zum Berg? Kommt der Berg zu uns? Löst sich vom Berg etwas ab und wandert in unseren Geist? Oder bleibt ein Teil unseres Geistes hier, während ein anderer zum Berg fliegt?
Wie verhält es sich damit wirklich?
Wir haben ständig damit zu tun, aber wir kennen uns selbst fast überhaupt nicht.

Wenn man, geleitet von der richtigen Kraft und Motivation und erfüllt vom geistigen Impuls einer Linie, diesen Fragen nachgeht, kann sich der Geist zur Urerfahrung öffnen.
Wenn nicht, sind sie eine nutzlose intellektuelle Spielerei.

Der Buddhismus ist der mittlere Weg, eine Wanderung auf dem messerscharfen Grat zwischen den Abgründen des Eternalismus und des Nihilismus – und diese Gedanken führen in die Nähe dessen, was für unseren Verstand unbegreifbar und unkontrollierbar wird.

Die Wirkung dieser „Bergpredigt“ auf mich war gewaltig. Ich setzte mich am Abend an das Ufer des kleinen Sees, eine kühle Brise wehte nach der Hitze des Tages und den Mühen des Auf- und Abstiegs, und ich überdachte die Dinge, die ich gehört hatte. Und dabei konnte ich fast zusehen, wie sich meine Gedanken neu ordneten und meinem Leben eine neue Richtung gaben. Noch vieles sollte ich später darüber hören und erfahren aber damals war es wie die erste Begegnung von Liebenden; mehr eine Ahnung des Kommenden als ein nennbares Wissen.

Etwa eine Woche lang stieg ich jeden Tag am Morgen hinauf zum Pass und am Abend wieder herunter, um die Fülle der Belehrungen aufzunehmen und zu verarbeiten. Nach dieser Woche war ich so weit verwandelt, seelisch wie körperlich, dass mein Leben eine neue Richtung einschlug.

Initiation – Milarepa

„Was heißt ‚reifen‘?“, fragte der kleine Prinz.
„Das ist eine in Vergessenheit geratene Sache“, sagte der Fuchs.
„Es bedeutet: ‚Frucht tragen‘.”
„Frucht tragen?“
„Gewiss“, sagte der Fuchs. „Manche Pflanzen sind noch so klein, dass sie nur an sich selber denken können. Sie nehmen aus ihrer Umgebung alles, was sie brauchen, nur um größer und immer größer zu werden.

Wenn aber die Pflanze zu reifen beginnt, dann beginnt sie mehr und mehr an andere zu denken und etwas hervorzubringen, das vielen nützt, ja das sogar das eigene Dahinwelken überwindet und in eine neue Dimension wächst …"
„Ich beginne zu verstehen", sagte der kleine Prinz.

Geburt, Tod, Initiation – es gibt Momente elementarer Gewalt im Leben, bei denen man sich von niemandem vertreten lassen kann. Momente, die das Wesen verwandeln und an den Kern unserer Substanz gehen.
Unsere Kultur neigt dazu, solche Elemente zu verwischen oder zu verharmlosen. So ist etwa der Übergang vom unselbstständigen Kind zum verantwortlichen Erwachsenen und zum Hüter der Geheimnisse der Gemeinschaft ein Übergang von solch elementarer Kraft.
Noch gibt es vage Erinnerungen im Pfingstfest und bei der Firmung, bei der Reifeprüfung in der Mittelschule, bei der Angelobung beim Bundesheer. Aber fast nichts erinnert mehr an die Zeremonien und Prüfungen, die bei den einfachsten Naturvölkern dem Erwachsenwerden vorausgehen und damit der Erlaubnis, die Kräfte der Sexualität zu leben, Krieg zu führen oder die Stammesgeheimnisse zu erfahren und vor allem: mit Gott in Beziehung zu treten.
Der amerikanische Franziskanerpater Richard Rohr hat die Einsichten, die bei diesen Prüfungen gewonnen werden müssen, für unsere Zeit in fünf Punkten zusammengestellt:

· Das Leben ist hart.
· Du wirst sterben.
· Du bist nicht so wichtig (wie du glaubst).
· Du kontrollierst die Welt nicht.
· Und: Im Leben geht es nicht um dich!

Die Belehrungen, die ich erhalten hatte, gehören zur verfeinerten und Jahrtausende alten buddhistischen Hochreligion; und trotzdem spürt man in ihnen noch etwas von der ursprünglichen Kraft der ersten Begegnung mit der Wirklichkeit des Geistes.
Man spürt, wie sich für den Adepten der Raum mit unsichtbaren

geistigen Wesenheiten und Kräften füllt, die er vorher nicht wahrgenommen hat, die aber jetzt für sein Leben entscheidend werden. Man fühlt sich in die Studierstube des Doktor Faustus versetzt, der die Geister anruft, um sein leeres und karges Intellektuellenleben zu füllen, und der staunt, wenn sie wirklich erscheinen.
Du wirst sterben! Wem fällt da nicht der Totenschädel und die Frage des Prinzen Hamlet ein: „Sein oder Nichtsein, das ist hier die Frage!“, am Übergang zwischen der Welt der Geister und der Welt der wachen Vernunft.

Initiation, Anfang. Das ist es, was den Menschen erschüttert, wenn er zuerst der geistigen Welt begegnet und eine Ahnung von den Gesetzen bekommt, die hier walten.

Milarepa

Milarepa ist die zweite Schlüsselfigur im tibetischen Buddhismus. Auch bei ihm, wie bei Guru Rinpoche, ist es ein hoch entwickelter geistiger Impuls des indischen Subkontinents, der in das wilde Bergland des Schnees verpflanzt wird. Ein edles Reis auf einen urwüchsigen und lebenskräftigen Stamm.
Aber anders als bei Guru Rinpoche beginnt die Geschichte gleich in Tibet und mit einem einfachen Menschen. Geboren im Dorf Kya Ngatsa nahe der nepalesischen Grenze, verliert der junge Mila den Vater in jungen Jahren. Sein Onkel und seine Tante übernehmen die Leitung des Haushalts, und er, seine Mutter und seine Schwester werden schwer gedemütigt, vernachlässigt und ihres Besitzes beraubt. Als er alt genug ist, schickt ihn die Mutter aus, um schwarze Magie zu erlernen und sich an den falschen Verwandten zu rächen.
Die „Ausbildung“ gelingt, und er zerstört das Haus der Familie und das ganze Dorf durch Zauberei und Hagelstürme. Kurze Zeit später bereut er aber seine Tat und macht sich auf die Suche nach der wahren Religion, die ihn von den Folgen seiner Verbrechen retten kann. Er findet sie bei seinem Lehrer Marpa, genannt „der Übersetzer“, der eine wichtige geistige Übertragungslinie aus dem indischen Tiefland geholt und nach Tibet gebracht hat.

Bei seinem Lehrer Marpa muss er schwerste Prüfungen bestehen. Er baut mit eigenen Händen und ganz allein drei Türme und muss sie auf Befehl seines Meisters wieder niederreißen und alles Material an den ursprünglichen Platz zurücktragen. Der vierte Turm soll zehn Stockwerke hoch werden, aber beim neunten, überwältigt von den Hindernissen und der Verzweiflung und mit einem völlig zerschundenen Rücken, gibt er auf und flieht zu einem anderen Schüler Marpas, um dort mit einem gefälschten Brief die Belehrungen zu erhalten, für die er so lange gearbeitet hat.

Er bekommt sie, aber sie wirken nicht, obwohl er intensiv und fehlerfrei meditiert. Der andere Schüler erschrickt: Wir sind Träger einer ungebrochenen Übertragungslinie; wenn sie nicht wirkt, muss das einen triftigen Grund haben. Entweder die Linie hat ihre Kraft verloren, oder du hast nicht die Ermächtigung, sie zu üben.

So kehrt Milarepa zu seinem Lehrer zurück, der nun die Zeit der Prüfung für abgeschlossen erklärt und ihm die notwendigen Einweihungen gibt.

Dann folgen viele Jahre der Meditation in der Einsamkeit unter schwierigsten Verhältnissen. Endlich erreicht er das Ziel und beginnt sein Land tiefgreifend zu verwandeln. Er zieht umher und lehrt die Menschen mit herzergreifenden Gesängen. Ähnlich wie St. Patrick in Irland überwindet er die Schamanen der alten Bön-Tradition am heiligen Berg Kailash mit seiner Wunderkraft. Er wird Lehrer von geistigen Wesen und Menschen und erfüllt sein ganzes Land mit einem neuen Klang von Weisheit und Mitgefühl. Die grüne Tara, die uns schon im Leben meines Lehrers begegnet ist, wird durch ihn zur großen Hilfe der spirituellen Praxis in Tibet.

Milarepa selbst ist ein wandernder Asket, ein ungebundener Vagabund. Sein Nachfolger und Träger der Übertragungslinie wird ein Mönch der feinen Kadampa-Tradition, der die Lehren systematisiert und von dem die verschiedenen Schulen der Kargyudpa-Linie des tibetischen Buddhismus ausgehen.

Der Karmapa ist einer der wichtigsten Vertreter dieser Linie, die sich heute in der ganzen Welt ausgebreitet hat. Das Stammkloster meines Lehrers gehört zu dieser Linie, und beim Heiligen See gibt es jetzt neben dem alten Kloster der Nyingmapa-Schule von Guru

Rinpoche zwei neue Klöster der Kargyudpa-Tradition von Milarepa. Jeder Tibeter kennt und liebt diese Gestalt, und das Buch seiner „100.000 Gesänge" ist jedem Kind vertraut, wie bei uns Grimms Märchen oder die bekanntesten Geschichten aus der Bibel und den Evangelien.

Milarepa praktizierte die tiefsten und geheimsten Übungen des tantrischen Buddhismus. Er übte die Entwicklungs- und Vollendungs-Schritte der Meditation über den Yitam, also über das vollendete Bild einer geistigen Existenz.

Er war ein Meister des inneren Feuers, des Tummo, einer Meditationstechnik, die es ihm ermöglichte, allein, hoch in den Bergen, einen wochenlangen Schneesturm zu überstehen, nur bekleidet mit einem Baumwolltuch.

Die Silbe *repa* in seinem Namen Mila-repa bedeutet übrigens genau dies:

„in Baumwolle gekleidet".

Die Geschichten aus Milarepas Leben und aus seinen Gesängen sind sehr plastisch und menschlich und berühren direkt unser Herz. Ähnlich wie Franziskus spricht er mit den Tieren und beschützt sie vor den Nachstellungen der Menschen. Er diskutiert mit den eifersüchtigen Schriftgelehrten aus dem Kloster, und er belehrt reiche junge Damen ebenso wie alte Hausdrachen.

Sein Hauptschüler Rechungpa geht nach Indien, um dort die tiefsten Lehren zu studieren. Beim Heimweg trifft er Milarepa auf einer kargen Hochebene. Ein Hagelsturm überrascht die beiden, und Milarepa schützt sich in einem Yakhorn, das zufällig am Weg liegt, ohne dass er kleiner oder das Yakhorn größer wird. Dabei lädt er seinen Schüler ein, zu ihm ins Horn zu kommen, was der „Gelehrte" natürlich nicht kann.

Es gibt eine Vielzahl von Geschichten, die alle vom selben Geist getragen sind. Vor allem aber ist Milarepa ein Meister der Mahamudra-Tradition, ein Meister der Erkenntnis der Natur des Geistes.

Alle anderen Übungen, wie das Beherrschen der „Winde", der geistigen Kanäle und der „Essenz", sind eine Ausgestaltung und Verfeinerung des einen Prinzips.

Dieser geheimnisvollen und exotischen Übertragungslinie war ich also bei meinen ersten Belehrungen begegnet. Kein Wunder, dass sie mich so tief ergriffen und erschüttert hatte.

Initiation bedeutet nämlich nicht einfach die Begegnung mit einer intellektuellen Botschaft, die man glauben kann oder auch nicht, sondern sie bedeutet das Hineingerissenwerden in einen Kraftstrom geistiger Übertragung, der alles übertrifft, was man bisher kennen gelernt hat.

Die Initiation wird bei den Tibetern verglichen mit dem Einfüllen von kostbarem Nektar in ein geeignetes Gefäß. Das Gefäß muss gereinigt sein, damit es überhaupt fähig und würdig wird, einem solchen Schatz Raum und Aufenthalt zu werden.

Dabei gibt es viele Arten, wie sich das Gefäß dem Segen verschließen kann:

Zum Beispiel kann die Schale verkehrt stehen. Alles, was man eingießt, rinnt darüber hinweg. Oder das Gefäß kann bis zum Rand voll sein. Dann passt nichts Neues mehr hinein. Das Gefäß kann leck sein wie ein Sieb. Dann behält es nichts. Oder in dem Gefäß kann sich eine giftige Substanz befinden, die den besten Nektar verdirbt.

Nur eine gereinigte Schale, die den Nektar in der rechten Weise aufnimmt, ist geeignet.

Wer denkt bei diesem Bild nicht an die Gleichnisse Jesu vom Sämann, der guten Samen ausstreut? Manches fällt auf den Weg, anderes hat keine tiefen Wurzeln. Wieder anderes fällt unter die Dornen. Dafür bringt der Samen, in gute Erde gelegt, Frucht: dreißigfach, sechzigfach, ja hundertfach.

Dieses Gefäß, von dem hier die Rede ist, oder der gute Boden im Gleichnis Jesu, das ist der geistige Organismus im Menschen, unser unsichtbarer Körper, der durch unser Denken, Fühlen und Wollen geformt wird. Dieser unsichtbare geistige Körper ist es, der in der Initiation gereift wird und der von da an im Leben des Menschen eine entscheidende Rolle spielt. Charakter, Person, Persönlichkeit, Charisma – es gibt viele Namen und Bezeichnungen für die Wirklichkeiten, um die es hier geht.

In die Tiefe

Die Initiation hatte also gewirkt. Mein Leben hatte Richtung, Ziel und Sinn gewonnen, und ich war bereit, alle Schwierigkeiten auf mich zu nehmen und alle Hindernisse zu überwinden, die sich bieten würden. Ich kehrte nach Österreich zurück und bereitete mich auf eine längere Zeit der Einsiedelei und der intensiven spirituellen Praxis vor. Dann kehrte ich zu den Höhlen zurück.

Jetzt war ich schon ein halbes Jahr hier oben am Berg. Ich hauste in einer Felshöhle, in der ich nicht einmal aufrecht stehen konnte, und hatte den Eindruck, dass meine spirituelle Praxis gute Fortschritte gemacht hatte. Voll Eifer und den Kopf erfüllt mit metaphysischen Fragen, suchte ich meinen Lehrer auf.

Feuer machen und Tee kochen

Heißer Dampf steigt über den Tassen auf.
Wir trinken Buttertee, direkt über die Schalen mit Tsampa gegossen: die beiden Grundnahrungsmittel der tibetischen Einsiedler.
Ich bin zu Gast bei meinem Lehrer, um mit ihm ein paar schwierige metaphysische Fragen zu klären,
aber er lässt mich nicht zu Wort kommen:
„Wie geht es dir mit dem Feuer in der Höhle?"
Mit dem Feuer? Nicht besonders, man braucht trockenes Holz, um ein gutes Feuer zu bekommen, und ich habe kein trockenes Holz.

Mein Lehrer lächelt, und wir schlürfen weiter unseren Tee.
Als ich wieder zu meinen Fragen ansetzen will, kommt er mir zuvor:
„Wie geht es mit dem Tee?"
Auch nicht besonders. Was wir trinken ist ausgezeichnet, aber daheim habe ich keine frische Milch.
Und man braucht frische Milch, um Buttertee zu machen.
Mein Lehrer lächelt wieder, und ich gebe meine komplizierten Fragen auf.

Dafür fange ich an, mein Leben zu ändern.
Ich lerne Holz sammeln und trocknen. Ich freunde mich mit den Hirten am Berg an, um frische Milch zu bekommen.
So lerne ich den Berg kennen, die Orte, wo das Holz wächst und das Gras für die Schafe, wo das Dorf steht und was in den Herzen der Menschen so vor sich geht.
Nach einer Weile sammle ich das Holz nicht mehr, um Feuer zu machen, sondern um mit dem Berg in Berührung zu bleiben.
Ich besuche die Menschen nicht mehr, um Milch und Butter zu bekommen, sondern vor allem, um dem Leben zu dienen.
An diesem Punkt beginnt der Berg, sich mir zu eröffnen
und mit mir zu reden.

Erst jetzt beginnt die Botschaft meines Lehrers, ganz in mich einzudringen und Früchte zu tragen.
Meditation bedeutet, mit der Erde und dem Leben in Berührung zu sein und von dort her in eine neue Dimension zu wachsen.

Die tiefen Belehrungen, die ich ganz am Anfang bekommen hatte, waren eine Ausgestaltung des einen Wortes gewesen, ein Ausdruck des Ganzen, ein Ausdruck der ganzen lebendigen Situation. Immer wieder habe ich diese Belehrungen bekommen, in tausend verschiedenen Worten, in tausend verschiedenen Formen; aber immer war es dasselbe gewesen.
Mein Geist war berührt von einer Wirklichkeit, die sich jeder Beschreibung entzieht, die aber ihre charakteristischen Spuren hinterlässt.
Es sind Spuren der Einfachheit, der Authentizität, des Schweigens in unserem von rastloser Tätigkeit geprägten Alltag. Und überraschenderweise erscheint genau dort, wo das ständige Geschwätz unseres Verstandes aufhört, die Wirklichkeit.
Dort ist nicht alles zu Ende, sondern dort fängt es erst wirklich an. Immer wieder hat mich mein Lehrer an diesen Punkt geführt, immer wieder habe ich ihn verloren. Aber jedes Mal wurde mein Leben ein bisschen „wirklicher“, ein bisschen richtiger und ein bisschen liebevoller.

Wenn man sich mit diesem Geist den praktischen Dingen zuwendet, dann werden sie die besten Lehrmeister der Welt. Dann wird das Holzsammeln zum Lehrmeister der Gegenwart und zum Ausdruck einer innigen Verbindung mit der Pflanzenwelt. Sie führen uns zur Beobachtung des Lebenskeims, der sich entfaltet, blüht, Frucht bringt und wieder stirbt. Das tote Holz, das sind die morschen Knochen des Waldes, die in meiner Höhle zum Feuer werden, das Wärme spendet.

Die Milch ist der Ausdruck der Liebe der Kuh oder des Wasserbüffels zu den eigenen Kindern, den Kälbern, aber auch zum Hirten und zum Bauern. Den Wegen dieser Liebe zwischen den Menschen und dem Tierreich war ich in meiner Meditation nachgegangen, um den wundervollen Prozess wahrzunehmen, der auf dem Berg das Gras und die Pflanzen wachsen lässt, das die Tiere aufnehmen und an den Menschen weitergeben. Wie die Menschen untereinander verbunden sind, um ihr Leben wiederum an etwas Größeres weiterzugeben. Und all das auf der lebendigen Erde, auf einem Vulkanberg, geformt und hoch getragen von flüssigem Gestein im Inneren unseres wunderbaren Planeten. Was für ein Kraftfeld, in dem ich mich hier bewege!

Und dieser Symphonie von Kräften und Zusammenhängen fügte meine Meditation eine neue Ebene hinzu, eine Ebene, die gerade erst im Entstehen ist, eine Ebene, die weit über den Verstand und seine Gedanken hinausreicht; eine Ebene der Urkräfte, die durch die Initiation in meinem Wesen angeregt worden waren und nun sich zu entfalten begannen.

Das geht ganz allmählich, denn der geistige Organismus hat so wie der Körper seine Wachstumsrhythmen und seine Gesetze und Fristen der Entwicklung. Neue Organe der Wahrnehmung müssen geschaffen werden, ein neuer Organismus entsteht, der heranwächst gleich einem kleinen Kind.

Der rostige Jeep

Der Alltag in einer Einsiedelei ist etwas sehr Eigenartiges. Aus der Ferne sieht alles sehr exotisch und wunderbar aus, aber wenn man

wirklich tagein, tagaus, jahrein, jahraus hier lebt, dann ziehen bald die menschlichen Qualitäten und Bedürfnisse nach und setzen sich unaufhaltsam durch. Ob man allein lebt oder ob man etwas Gemeinschaft pflegt, man muss doch immer essen und trinken, man sucht Schutz vor heftigen Regenfällen, vor Gewittern und Kälte, und der Leib erfreut sich immer an etwas Bequemlichkeit.
Manche Einsiedler leben in strikter Zurückgezogenheit und nur ganz selten, zum Beispiel beim Neujahrsfest, trifft man sie. Man ahnt und spürt nur ihre Gegenwart, und manchmal hört man ihre Ritualglocken, die Handtrommel oder das Hüfthorn, das sie bei bestimmten Übungen blasen. Oft ist bei Nacht die Luft in der Einsiedelei erfüllt von geheimnisvollen Klängen, und die Atmosphäre vibriert von geistiger Kraft.
Aber daneben gibt es das ganz gewöhnliche Leben mit den üblichen menschlichen Schwächen, mit Neid und Tratsch und Klatsch, mit kleinen und großen Tricks und natürlich auch mit viel Heiterkeit.

Einer meiner nächsten „Nachbarn" war Lhamkai, der Franziskus unseres Berges. Auf seiner Hand ließen sich die wilden Vögel nieder, sogar wenn er sie nicht fütterte. Er war vor vielen Jahren zu Fuß aus Tibet gekommen und hatte auf seinem Rücken eine große Statue von Milarepa über die Bergpässe geschleppt, die jetzt mit ihm in seiner Höhle wohnte. Er war bettelarm, aber trotzdem kam es nie vor, dass er einen Besucher nicht in irgendeiner Weise beschenkte, sei es durch eine Tasse Tee, einen kleinen Imbiss oder ein gutes geistiges Wort. Immer war seine Güte und Einfachheit spürbar – und das allen Wesen gegenüber.
Wenn er zum Beispiel in seiner Klause eine Ratte gefangen hatte, die zu viel Schaden an seinen wenigen Habseligkeiten oder an den Butterlampen seines Altars gestiftet hatte, dann trug er sie vorsichtig zur großen Versammlungshöhle, wobei er meinte: *They are richer than me.* – „Die sind reicher als ich, hier hat sie mehr zu fressen." Oder wenn er an einem schönen Sonnentag seine Kleider und seine Decke hinaus auf die heißen Steine legte, damit Flöhe und anderes Ungeziefer daraus vertrieben wurden, legte er die Sachen doch immer in die Nähe des Weges, an dem öfter Pilger vorüberkamen. Dazu sagte

er schalkhaft: *You must give them a chance.* – „Du musst ihnen eine Chance geben." Sogar den kleinsten Insekten.
Dann gab es jemanden hier heroben, der sich im Schweigen üben wollte. Gab es trotzdem eine wichtige Nachricht weiterzugeben, dann konnte man sie auf einen Zettel schreiben und bekam die Antwort ebenso schriftlich.
Aber, wie das Leben so spielt, es gab sehr viel zu besprechen und damit zu schreiben, so dass sich ganze Schulhefte mit der Konversation füllten.

Die kleine Gemeinschaft heroben am Berg hatte auch gemeinsame Aufgaben zu erfüllen. Mehrmals im Monat wurden religiöse Zeremonien abgehalten, die auch manchmal von Geschäftsleuten oder anderen Gönnern, die etwas Segen für ihre Unternehmungen oder für ihr Leben erbitten wollten, großzügig unterstützt wurden.
Für diese Zeremonien wurde gemeinsam gekocht und daher auch gemeinsam eingekauft.
Zu diesem Zweck besaß mein Lehrer einen alten Jeep, der ihm von einem Gönner geschenkt worden war und der unten beim heiligen See parkte. Mit diesem Vehikel unternahmen wir regelmäßige Einkaufsfahrten in die nahe gelegene Kreisstadt, die ehemalige Residenzstadt des Königs, des Vaters von Mandarava, der Guru Rinpoche verbrennen lassen wollte.
Bei einer dieser Fahrten brach auf halbem Weg das Differenzial. Der indische Fahrer hatte den Schaden nicht richtig erkannt, aber ich hatte mir die Sache genauer angesehen und war mir sicher. Als wir nach längerem Fußmarsch die Stadt erreichten, gingen wir zur Werkstatt, und ich erklärte dem Mechaniker die Sache. Der Schaden konnte daraufhin in einfacher Weise und in kurzer Zeit behoben werden. Mein Lehrer war sehr beeindruckt, besonders weil das Differenzial viel billiger war als der Reparaturvorschlag des indischen Fahrers, und ich bot ihm an, mir einen internationalen Führerschein schicken zu lassen und für ihn und für die Gemeinschaft zu fahren.
Dieser Vorschlag wurde gerne angenommen und so wurde ich der offizielle *Driver* („Fahrer") der Gemeinschaft.
Da ich auf diese Weise meinen Lehrer auf all seinen Reisen begleitete,

kam ich in eine Reihe von ungewöhnlichen und interessanten Situationen in die man als „Westler“ sonst kaum gerät.
Ich wurde von den Tibetern als einer der ihren angesehen, und so sah und hörte ich viele Dinge, die man einem Fremden gegenüber gewöhnlich verbirgt.
Durch das Fahren des Jeeps bekam ich auch eine andere Rolle im indischen Dorf. Als es zum Beispiel darum ging, eine neue Mühle zu transportieren oder das Brautpaar zur Hochzeit in das Nachbartal zu fahren, war ich natürlich bei der Hand.
Auch mit dem Jeep selbst konnte man einiges erleben. Scherzweise fragte ich einmal meinen Lehrer, ob dieser Jeep einen eigenen Geist habe, weil er sich manchmal wie ein selbstständiges Wesen oder wie ein störrischer Esel gebärde. Er antwortete: „Natürlich hat dieser Wagen einen Geist, deinen nämlich!“
Dazu fällt mir auch die folgende Geschichte ein.

Ein rostiger Jeep

Woher das Vehikel wohl kam? Keiner wusste das so genau. Wahrscheinlich war es ein Überbleibsel vom Zweiten Weltkrieg. Wenn man den alten Jeep starten wollte, musste man zuerst ein Glas Benzin in den Vergaser schütten, dann die Batterie anschließen und ein Stoßgebet zum Himmel senden, und dann konnte man sein Glück versuchen. Manchmal startete er, manchmal nicht.
Wenn er nicht startete, halfen mir ein paar junge Mönche, ihn aus dem hölzernen Verschlag zu schieben, in dem er gewöhnlich geparkt war, und ihn auf der Straße anzurennen. Meistens ging es so, aber manchmal waren wir richtig erschöpft.
Natürlich war das Fahrzeug auch unterwegs nicht besonders verlässlich, und etwa alle 50 Kilometer gab es eine Panne.
Wenn kein Mechaniker in der Nähe war, was meistens der Fall war, musste ich das Ding reparieren. Ich bin auf diesem Gebiet nicht ausgebildet, und so musste ich mir mit etwas gesundem Hausverstand und einer Menge Selbstvertrauen helfen. Ich bin stolz darauf, dass wir letztlich immer irgendwie heimkamen, wenn auch manchmal etwas später als erwartet.

Unter diesen Umständen kann man sich vorstellen, dass ich für jede erdenkliche Hilfe dankbar war.
Und eine Hilfe, die ich immer höher zu schätzen lernte, war die ungewöhnliche Intuition meines tibetischen Meisters.
Wieder einmal waren wir hängen geblieben. Ich war gerade dabei, die Verkleidung des Motors abzuschrauben, als sich mein Lehrer zu uns gesellte. Er ist ein einfacher Nomadensohn und hatte wahrscheinlich noch nie das Innenleben eines Automotors gesehen. So war er recht überrascht über die komplizierte Mechanik, die vielen Hebel und Schläuche, die man jetzt sehen konnte.
Wahrscheinlich hatte er gedacht, dass ein Automotor so etwas Ähnliches sei wie ein Kerosinkocher. Aber vielleicht hatte er auch gar nichts gedacht.
Wie dem auch sei, jetzt beugte er sich interessiert über die Maschine und zeigte nach kurzer Zeit auf eine bestimmte Stelle.
Ich konnte mir nicht vorstellen, von meinem Lehrer, der keine Ahnung von Mechanik hatte, einen brauchbaren Tipp zu bekommen. Um ihm einen Gefallen zu tun und auch weil ich selbst nichts Besseres wusste, untersuchte ich die Sache jedoch genauer.
Zu meinem großen Erstaunen stellte ich fest, dass genau dort, wohin er gezeigt hatte, die Benzinleitung blockiert war. Ich reinigte sie, und der Motor begann wieder zu laufen.
Von da an begann eine ungewöhnliche Zusammenarbeit, die uns mit erstaunlicher Leichtigkeit über die Bergstraßen des Himalajas dahingleiten ließ. Halb waren es tibetische Mantras, halb war es mein Schraubenzieher, die uns halfen, jede Panne zu meistern.

Ein amerikanischer Psychotherapeut, der eine Weile mit uns unterwegs war und dieses Spiel beobachten konnte, meinte einmal: „Dieser Jeep ist ein gutes Gleichnis für unsere Weltlage. Wenn wir weiterkommen wollen und die enormen Probleme meistern, die uns bevorstehen, brauchen wir beides: westliche Technik und östliche Intuition."

Der Klosterbau oder: Es geht auch anders

Wenn man bei uns heutzutage ein Kloster baut, dann besorgt man sich zuerst einen Bauplan, den Baugrund und die nötigen Mittel und beginnt dann mit der Arbeit.

Aber es geht auch anders.

Bei den Höhlen habe ich erlebt, wie man ohne Bauplan und ohne organisierte Finanzierung ganz allmählich ein Kloster bauen kann, das jetzt eines der schönsten im Ort ist.

Hier ist sozusagen alles anders gegangen. Gewöhnlich gehört zum Kloster eine Einsiedelei. In diesem Fall wurde von der Einsiedelei aus das dazugehörige Kloster gebaut, und es war faszinierend für mich anzusehen, wie der Bau langsam Gestalt annahm, immer den jeweiligen Umständen entsprechend.

Es hatte mit dem Land begonnen und dem Auftrag.

Zigar Rinpoche, der Abt des tibetischen Stammklosters meines Lehrers, war in Bhutan wiedergeboren worden. Jetzt hatte er ungefähr mein Alter erreicht, und mein Lehrer hatte seine geistige Ausbildung übernommen. Nun ging es darum, das Kloster in Indien wieder aufzubauen, und der Karmapa hatte den Rat gegeben, nicht einen beliebigen Platz zu wählen, sondern an einen Wallfahrtsort zu gehen, an dem das Kloster auch dann noch Sinn machen würde, wenn die Tibeter wieder in ihr Land zurückkehren könnten. Also wurde für den Bauplatz der Heilige See unterhalb der Höhlen gewählt.

Stück für Stück wurde das Land erworben, und es gab dabei viel Unterstützung, weil mein Lehrer in der Gegend einen sehr guten Ruf hatte und auch von den Indern hoch geschätzt wurde. Dann kam eine Zeit, in der es viele Arbeitslose im Ort gab, die nun angestellt wurden, um Bausteine herzustellen. Der Fels des Vulkangesteins lässt sich sehr leicht spalten und bricht mit langen, geraden Kanten, so dass ganz ausgezeichnete Ziegel entstehen. Das ging für einige Jahre so, und die Steine stapelten sich am Grund. Danach wurde das Fundament errichtet. Alles nach Augenmaß.

Einmal machten wir einen Ausflug mit dem rostigen Jeep ins Tal, um große Holzpfosten zu besorgen, die das Eingangstor zur Tempelhalle bilden sollten. Ein Tischler begann dann, sie vor Ort zu bearbeiten und zusammenzusetzen. Dasselbe geschah mit den Fensterrahmen. Um diese Rahmen herum wurden die Mauern langsam aufgezogen. Formen aus Holz wurden bereitet, um die Dekorationen und Verzierungen für die Fenster und Türen in Beton zu gießen. Das alles ging Schritt für Schritt und sehr gemächlich vor sich. Manchmal, wenn ein Teil nicht passte, wurde er einfach abgerissen und wieder neu errichtet. Trotzdem ging der Bau insgesamt gut voran.

Immer wieder gab es kleinere und größere Schwierigkeiten zu meistern, die aber alle auf höchst menschliche und einfache Weise gelöst wurden. Zum Beispiel ging einmal der Zement aus, und es war nirgends möglich, welchen zu bekommen. Zement war in Indien zu der Zeit eine wertvolle und rare Sache, und die Lieferungen in der ganzen Gegend waren für einige Zeit ausgeblieben. Was tun?

Die ganze Baustelle stand still, und die Arbeiter konnten nichts tun, als Tee zu kochen und sich zu unterhalten.

Am Abend wurde ich gebeten, vom Berg herunterzukommen. Ich machte mich also auf den Weg über die steilen Felstreppen hinunter, rastete etwas bei der Quelle und kam noch bei Tageslicht unten an. Die wichtigsten Leute des „Bauteams“ waren versammelt, und auch mein Lehrer war bei ihnen. Wir unterhielten uns eine Weile, und als es schließlich fast ganz dunkel geworden war, sagte man mir, ich solle den Jeep starten, aber dabei ganz leise sein. Das war bei dem Vehikel natürlich unmöglich, aber ich tat, was ich konnte, um keinen unnötigen Lärm zu erzeugen. Ein Trupp kräftiger Männer stieg hinten ein, und dann ging es los. Es gab nämlich etwas außerhalb des Orts ein Depot der Straßenverwaltung. Und hier gab es genug Zement. Wir kamen an, der Verwalter des Depots war auch dabei und öffnete uns die Tür, während auch er uns ermahnte, ganz leise zu sein. Natürlich war bei dem Lärm, den der alte Jeep machte, schon die ganze Ortschaft auf uns aufmerksam geworden. Aber das machte nichts.

Der kräftige Trupp belud nun den Wagen bis oben hin mit Zementsäcken, und dann setzten wir uns wieder in Bewegung zur Baustelle. Diese Prozedur wiederholte sich mehrmals.

Am nächsten Morgen konnten dann die Bauarbeiten am Kloster mit neuem Schwung wieder aufgenommen werden.

Vielleicht wunderte man sich in der Verwaltung später darüber, warum in dieser Saison so viel Zement zur Straßenerhaltung nötig war, aber im ganzen Dorf hatte niemand etwas gehört oder gesehen, das ihm verdächtig vorgekommen wäre.
Der Klosterbau war ein Teil des Ortslebens geworden, den jeder unterstützte und als seine eigene Sache betrachtete. Und auch ich war froh, dabei meine Rolle zu spielen.

Der kleine weiße Hund

Die Einsiedelei war auch ein Ort der Begegnung. Von allen Teilen der Welt waren Menschen auf der Suche hierher gekommen. Der Ort und besonders die Meditationshöhle von Guru Rinpoche und Mandarava, waren zu einem bekannten Wallfahrtziel geworden, das viele Menschen – Tibeter, Taiwanesen, Koreaner, aber auch Inder und Westler – anzog.
Die Mischung von Legende und Exotik mit einem wirklichen Ort, den man mit dem Flugzeug und dem Bus erreichen konnte, zog die Menschen an.
Und tatsächlich war der Ort hier manchmal wie eine Gralsburg; ein Ort, an dem die Zeit zum Raum wird; ein Ort, an dem sich Himmel und Erde, Diesseits und Jenseits miteinander vermischen.
Dieser Ort hatte seine eigenen Gesetze. Nicht jedermann konnte ihn finden oder ihn erreichen, auch wenn er es wollte. Nicht jedermann konnte hier bleiben, auch wenn er es ernsthaft versuchte. Ich habe öfter gesehen, wie Neuankömmlinge mit den besten Absichten nach wenigen Tagen wieder aufgaben und ins Tal hinunter flüchteten.
In diesem „Wunderland“ waren offenbar Kräfte am Werk, hilfreiche und schützende, aber auch gefährliche und finstere, denen man in der Großstadt im Allgemeinen nicht mehr begegnet – das heißt, man begegnet ihnen natürlich schon, aber sie haben ihre Gestalt tiefgreifend gewandelt.
In diesem Feld werden also bestimmte Qualitäten und Fähigkeiten des Menschen entwickelt und genützt, die man als aufgeklärter

Europäer sonst selten braucht. Instinktsicherheit, „übersinnliche Wahrnehmung", die Fähigkeit, sich geistigen Kräften gegenüber richtig zu verhalten.
Dazu fällt mir wieder eine nette Geschichte ein.

Der kleine weiße Hund

Die Tibeter lieben ihre Tiere.
Sie lieben ihre Yaks, und besonders lieben sie die kleinen weißen Hündchen, die wie Schneelöwen aussehen.
Diese Hündchen sind zu nichts nutze. Sie können keine Herden zusammenhalten, und sie können auch ihre Besitzer gegen nichts beschützen. Sie sind einfach nur hübsch.
Auch in unserer Einsiedelei gab es so ein Tempel-Hündchen. Es hieß Mignack, „Schwarzauge", wohnte in der großen Höhle und wurde von allen Einsiedlern geliebt und verhätschelt.
Von diesem Hündchen handelt meine Geschichte.

Es war wieder einmal spät geworden. Wir waren in der nahe gelegenen Kreisstadt gewesen, um Einkäufe zu machen, und der rostige Jeep hatte uns gewaltig aufgehalten.
Jetzt waren wir am Weg zurück auf den Berg, etwa eine Stunde über steile Gebirgspfade.
Schließlich kamen wir oben an. Es war fast Mitternacht, und mein Lehrer lud die kleine Reisegesellschaft noch auf eine heiße Suppe in die große Höhle ein.
Wir traten ein, aber am Gesicht des alten Mönchs, der hier das Feuer hütete, sahen wir gleich, dass etwas Schlimmes geschehen sein musste.
Der Leopard sei wieder unterwegs, und Mignack, das kleine Hündchen, sei am Abend verschwunden und seit Stunden überfällig.
Alle waren in großer Sorge um das Tier.
Während die Suppe zubereitet wurde, setzte sich mein Lehrer hin, um intensiv zu meditieren.
Sofort kam wieder Hoffnung auf, und wirklich, keine zehn Minuten später hörten wir am Eingang der Höhle ein klägliches Kläffen.
Mignack war zurück!

Er war zwar verletzt, offensichtlich von den Klauen des Leoparden, aber er lebte.
Unsere Freude war sehr groß.

Für die Tibeter war es selbstverständlich, dass ihr Meister den Hund retten konnte, aber mir gab die Sache damals sehr zu denken. Was wissen die Tibeter über die Wirklichkeit, das sie befähigt, in zehn Minuten der Meditation einen kleinen Hund in der Ferne aus den Krallen eines Leoparden zu befreien?

Und was bedeutet das für unser Weltbild?

Der Schneesturm – Wie es fast zu Ende ging

Der Berg, auf dem wir lebten, ist nicht besonders hoch, wenn man ihn mit den Schneeriesen des Himalajas vergleicht. Er ist aber hoch genug, dass es im Winter manchmal Schnee und Schneestürme gibt, obwohl die Sonne hier so stark ist wie in Ägypten.
Einmal wurde ich gebeten, eine heikle Ladung und einige Leute mit dem Jeep ins Nachbartal zu bringen. Dieses Tal ist noch sehr ursprünglich, und die neue Zeit hat hier noch kaum Einzug gehalten. Tiefer Frieden liegt über den Terrassenfeldern, über den Pinienwäldern an den Berghängen, über dem offenen Land und den wenigen Gehöften und Dörfern, die weithin verstreut sind. Nur eine kleine Schotterstraße führt hinein und verbindet dieses Tal mit der modernen Welt.
Auf dieser Schotterstraße war ich also unterwegs. Es war schon spät geworden, als ich mich auf den Heimweg machte. Alles war gut gegangen, und ich war jetzt allein unterwegs. Während ich so langsam die holprige Straße entlang fuhr, brach die Dämmerung herein, und es begann leicht zu schneien. Ich setzte trotzdem meinen Weg fort, denn schwere Schneefälle waren hier sehr selten, und ich rechnete damit, spätestens in zwei Stunden am Ziel zu sein. Ich hatte mich aber getäuscht.
Das Wetter wurde immer schlechter, starker Wind und schließlich

Sturm kamen auf, und der Schneefall wurde immer heftiger. So ging es eine Weile schlecht und recht dahin, aber plötzlich sah ich vor mir die Straße durch einen schweren Erdrutsch blockiert.
Es war nicht möglich zu wenden, und der rostige Jeep hatte natürlich keinen Rückfahrscheinwerfer. Die Heizung funktionierte im Stand nicht, und das dünne Plastikverdeck des Wagens bot kaum Schutz gegen den Wind und die Kälte. Dazu kam, dass ich mit Gewand schlecht ausgerüstet war, weil ich nicht damit gerechnet hatte, in Kälte oder Schnee zu geraten. Nur eine kleine, ärmellose Daumenjacke bewahrte mich vor dem Schlimmsten. Sie hat mir wahrscheinlich das Leben gerettet.
Was tun?
Ich beschloss, den Wagen stehen zu lassen und mein Glück zu Fuß zu versuchen.
Ich überkletterte also den Erdrutsch und wanderte dahin. Sturm und Schneefall hatten nicht aufgehört, sie wurden eher noch stärker, und so musste ich mich mühsam voran kämpfen.
Nach einer Weile wurde mir klar, dass ich so das Ziel niemals erreichen würde.
Zuerst bekam ich Angst. Ich war noch sehr jung. Und das sollte es schon gewesen sein?! Wut und Zorn stiegen kurz auf, über meine Situation und die Entscheidungen, die mich überhaupt hierher geführt hatten. Aber dann, überraschend schnell, bereitete sich ein großer Frieden aus, während mein ganzes Leben in klaren Bildern an mir vorüber zog. In meinem Alter hatte ich schon vieles gesehen und erlebt. Ich sah mich unter anderem als Musiker – die großen Konzerte, die Kompositionen und Plattenaufnahmen – und dann: die Fantasie vom Gipfel des Erfolges: auf einer Südseeinsel, am Strand mit einem Drink in der Hand.
Dieses Ziel hatte mich aber nie besonders befriedigt.
Dann sah ich die erste Begegnung mit meinem Lehrer, und seine Einladung, doch wieder zu kommen. Ich sah die Jahre der Vorbereitung in Österreich; ich hatte dort alles abgeschlossen und in Ordnung gebracht, das Studium, die Beziehungen, mein Leben überhaupt, um ganz frei und mit einem *One way ticket* in die Einsiedelei zu gehen. Ich sah meine zweite Ankunft und die gute Aufnahme an dem Ort

und schließlich die rasante menschliche und spirituelle Entwicklung. Nein, ich hatte nichts zu bereuen! Und wenn mein Leben jetzt zu Ende ginge, ich wäre damit einverstanden.
So ging ich weiter und weiter, ausgesöhnt mit dem Schicksal und bereit für alles, was da kommen würde, so oder so.
Und was kam, war überraschend und doch auch wieder nicht. Denn auf einmal sah ich im Schneegestöber dieser Nacht einen Mann auf mich zukommen. Er war sehr verwundert, bei diesem Wetter jemand auf der Straße zu finden. Er war nur kurz und „zufällig" nach draußen gegangen. Wir kannten uns. Es war ein Inder, der beim Bau des Klosters beschäftigt war und mit dem ich schon öfter eine Tasse Chai, den süßen indischen Milchtee, getrunken hatte.
Wir begrüßten uns freudig und er lud mich sofort in sein Haus ein, das hier nur wenige Minuten von der Straße entfernt in den Berghang gebaut war. Ich hätte es in der Dunkelheit wohl kaum gesehen. Seine Frau bewirtete uns freundlich mit heißen Getränken und einer Abendsuppe, während ich von meinem Abenteuer erzählte, so gut ich das mit den wenigen Worten Hindi, die ich beherrschte, konnte. Es dauerte nicht lange, da wich die Kälte aus meinen Gliedern, und die Lebensfreude kehrte langsam zurück. Ich schlief dann bald wie ein Murmeltier, und als ich am nächsten Morgen mit der Sonne erwachte, waren die Ereignisse des Vorabends fern wie ein Traum aus einer anderen Welt.
Trotzdem wurde dieser Blick „hinüber" für mein weiteres Leben entscheidend. Es stimmt, dass der Mensch am Ende seines Lebens eine Zusammenfassung der wichtigsten Ereignisse sieht, in der die geistige Entwicklung im Vordergrund steht und nicht die offizielle Biografie. Es geht um die großen Entscheidungen, um die besten Momente der eigenen Entwicklung, um Mut, Freundschaft, Mitgefühl und Liebe.

Flugzeuge und Drachen

In den siebziger Jahren war es üblich, dass jeder amerikanische Psychotherapeut, der etwas auf sich hielt, einen Schamanen, einen Indianer oder einen anderen exotischen Meister hatte.

So war auch ein bekannter Therapeut aus Berkeley in Kalifornien zu uns gekommen. Er war von meinem Lehrer sehr beeindruckt und hatte ihn als intelligenten und aufgeschlossenen Menschen kennen gelernt, fern von jeder Dogmatik oder Weltfremdheit.
Jetzt saßen wir zusammen in der Klause am Berg und tranken unseren Buttertee, während der Lama über die Lebensgewohnheiten der Drachen erzählte.

Drachen waren hier in der Einsiedelei etwas Selbstverständliches. Es sind mythische Wesen wie Engel, Geister oder Dämonen, die viel mit Elektrizität, Wasser und Wolken zu tun haben und die sich gerne im Gebirge aufhalten. Nachdem mein Lehrer eine Menge über das Entstehen und Vergehen, über die Gesänge und die Lebensgewohnheiten der Drachen erzählt hatte, wurde es dem aufgeklärten Amerikaner doch zu bunt, und er ließ augenzwinkernd durch den Übersetzer fragen:
„Im Vertrauen, glaubst du wirklich an Drachen?"
Mein Lehrer, der damals noch nicht viel Übung mit den Westlern hatte und von der Frage daher etwas überrascht war, gab schlagfertig und ebenso augenzwinkernd zurück:
„Im Vertrauen, glaubst du wirklich an Flugzeuge?"
Wir saßen alle im selben Raum. Aber deutlicher als an diesem Dialog konnte man kaum sehen, wie verschieden die geistigen Universen waren, in denen wir uns bewegten.
Für einen tibetischen Nomaden waren Flugzeuge und alles, was dazu gehört, etwas völlig Fremdes, etwas, mit dem er wohl kaum je in Berührung kommen würde. Bei dem Amerikaner war es hingegen genau umgekehrt. Für ihn waren die Flugzeuge das Selbstverständliche, während er mit den Drachen nichts anfangen konnte.

Mir waren in diesem Moment beide Seiten zugänglich, und ich war tief erschüttert über die vollkommene Relativität und Enge unserer Weltbilder.
Was ist „wirklicher", Flugzeuge oder Drachen?
Offensichtlich gibt es beides;
aber alles gehört an seinen Platz.

Sonne, Mond und Sterne

Der mittlere Weg

Wieder ist es Abend geworden. Wir sitzen vor der Hütte meines Lehrers, die Abendsuppe ist gegessen, die Arbeit des Tages getan, und tiefer Frieden und Stille breiten sich aus. Es ist November, das ist hier die schönste Zeit des Jahres. Die Regenzeit ist vorüber, die Hitze hat aufgehört und die Kälte des Winters noch nicht eingesetzt. An manchen Stellen beginnen Bäume zu blühen, sonst breiten sich Herbstfarben aus, und das Gras des Sommers wird mit Sicheln geschnitten, in Garben gebunden und in großen Ballen ins Dorf getragen, damit die Tiere im Winter gutes Futter haben. Es ist Erntezeit überall.

Wir genießen den Abend, schweigen zusammen und sehen zu, wie sich das Abendrot langsam in das Dunkel der Nacht verwandelt. Der Mond ist aufgegangen. Er ist fast voll und leuchtet kräftig auf uns herunter.

Ich schaue ihn am Himmel an, und dabei fällt mir ein, dass er nicht einfach nur da oben leuchtet, sondern dass Menschen dort hinauf geflogen sind und wieder zurückkamen. Ich beginne etwas darüber zu erzählen, denn für die Tibeter ist diese Vorstellung noch viel fremder als für uns. Ich erzähle also, dass Menschen dort waren, dass sie Fotos gemacht und Steine mitgebracht haben, dass es dort keine Luft gibt.

Ob es dort heiß oder kalt ist, wollen meine Freunde wissen. Ich sage, je nachdem, ob die Sonne hinscheint oder nicht.

Dann sage ich, dass unsere Erde von dort oben auch so ähnlich aussieht, ein Himmelskörper mit einer wunderschönen blau-weißen Hülle, strahlend, voller Leben.

Jetzt mischt sich auch mein Lehrer ins Gespräch, und er erzählt, dass der Buddha einmal von einem Brahmanen nach dem Ursprung und der Gestalt dieses Universums gefragt wurde. Hat jemand dieses Universum geschaffen, so gemacht, wie wir es jetzt sehen?

Der Buddha hat geantwortet, dass dieses Universum in Äonen von Zeiten von den Bedürfnissen und Wirkungen unzähliger Wesen geformt wurde, bis es die heutige Gestalt gewonnen hat. Es ist nicht

einfach Stein, es ist nicht solide, es ist nicht einmal Energie, sondern es entsteht in Wechselwirkung mit den Möglichkeiten und Bedürfnissen aller Wesen.
Es ist weder einfach da, gegeben als solide Existenz – das wäre Materialismus. Noch ist es einfache Einbildung oder Vorstellung nach den Bedürfnissen der Wesen – das wäre Nihilismus. Es ist der mittlere Weg, das abhängige Entstehen, die Verwobenheit aller Erscheinungen.

Dann folgt die Geschichte einer Frau in Benares, eine Geschichte, die die enge Verbindung von Geist und Materie sichtbar macht. Diese Frau meditiert intensiv, dass sie ein Tiger sei. Nach einer Weile geht sie in die Stadt, und alles flüchtet von der Straße, denn sie sieht jetzt wirklich wie ein Tiger aus.

Eine andere Geschichte spielt in den Bergen Tibets. Ein Einsiedler meditiert am Berg und manchmal besucht ihn ein Hirte, der seine Tiere in der Nähe weidet. Er bringt die Milch und kleine Gaben, und nach einer Weile gibt ihm der Eremit leichte Meditationsübungen.
Der Hirte kommt zurück und klagt, dass er sich auf nichts konzentrieren könne. Immer gingen ihm seine Tiere im Geist herum, sagt er.
Da rät ihm der Eremit, er solle doch meditieren: „Ich bin ein Yak, ich bin ein Yak …"
Eine Weile später kommt ein kleiner Junge zum Einsiedler. Er hätte eine Botschaft vom Hirten, der aber selbst nicht kommen könne.
Der Eremit fragt den Jungen nach den näheren Umständen und bekommt zur Antwort: „Nun ja, es ist so, dass der Hirte in seiner Hütte sitzt, und nicht heraus kann, weil ihm Hörner gewachsen sind. Jetzt möchte er gerne wissen, was er tun soll."
Der Yogi lächelt, dann sagt er: „Jetzt soll er meditieren: Ich bin ein Mensch, ich bin ein Mensch …".
Es dauert nicht lange und der Hirte kann wieder aus seiner Hütte kommen. Aber jetzt hat er die Macht des Geistes über die Materie kennen gelernt.

Eine andere Geschichte handelt vom Wettstreit zwischen Milarepa

Die „Familie" auf der Terrasse über der großen Höhle von Guru Rinpoche und vor der Hütte meines Lehrers: drei Nonnen aus der Pilgerküche, der Assistent, mein Lehrer und der Autor.

Abschied auf den Stufen des Klosters beim See, das damals noch in Bau war, darunter die „Seele des Berges" in der Pilgerküche bei der großen Höhle mit Buttertee und Tsampa.

Jeder Einzelne ein hervorragender Mensch: tibetische Mönche nach einer Zeremonie in der Gemeinschaftshöhle. Im Hintergrund die Schneeberge, wo das Land Tibet beginnt, aus dem sie kommen.
Darunter zwei tibetische Meister aus der Einsiedelei im einfachen Gewand.

Beim Heiligen See: Der Autor übersetzt aus der Bibel für einen tibetischen Lehrer des Klosters.

und einigen eifersüchtigen Schriftgelehrten, die ihn aus der Gegend vertreiben wollen, weil die Spenden der Gläubigen mehr zum wandernden Gottesmann als zum Kloster fließen.
Es kommt zu einem Disput, bei dem Milarepa die Frage stellt, ob der Raum leer oder solide ist.
Der Raum ist leer, sagen die Schriftgelehrten.
Da nimmt Milarepa eine Schöpfkelle und klopft gegen den leeren Raum, dass es einen deutlichen Ton gibt, als wäre da etwas Solides. Danach fragt er, ob der Fels seiner Meditationshöhle solide oder leer ist.
Der Fels ist solide, sagen die Priester.
Da fährt Milarepa mit seinem Arm mitten durch den Fels, als wäre er nicht vorhanden.

Auf der vierten Ebene der Meditation des Mahamudra sind solche Erscheinungen möglich. Hier hat der Geist die Grenze zwischen Innen und Außen überwunden und aufgelöst. Die innere und die äußere Welt sind nicht mehr verschieden, sondern kommen langsam zur Deckung.
Was soll unser westlicher Geist davon halten? Natürlich werden auch von Jesus große Wunder berichtet. Er gebietet dem Sturm und den Wellen, und der Wind legt sich, und der See glättet sich. Er sagt, wenn euer Glaube auch nur so groß ist wie ein Senfkorn, dann sagt zu dem Berg: Stürz dich ins Meer, und er wird es tun.
Davon haben wir gehört, aber wie verträgt sich das mit unserer modernen Weltsicht?
In der vordersten Front der Wissenschaft, in der modernen Physik, die sich mit den Bausteinen der Materie und den Mechanismen des Universums beschäftigt, werden die Vorstellungen immer „buddhistischer“. Nichts ist solide, alles hängt voneinander ab. Auch in den Wissenschaften des Lebens, in der Ökologie und in der modernen Systemtheorie, der Chaosforschung, experimentiert man zunehmend mit Vorstellungen, in denen Materie und Geist eine Einheit bilden, in der nichts fix gegeben ist, in der alles fließt und sich bewegt. Menschen sind Systeme in einem dynamischen Ungleichgewicht. Große Kulturen, die ganze Menschheit, ja der ganze Planet ist ein dynami-

sches System im Ungleichgewicht, das sich ständig weiter entwickelt und verändert. Alle Größen im Universum sind aufeinander bezogen, gehören zueinander. Das Kleinste im Größten, das Größte im Kleinsten.
Der Buddha hat gesagt, dass in einem kleinen Sandkorn auf deiner Hand eine ganze Myriade von Universen Platz hat. Das eine im anderen, das andere im einen.

Sonne, Mond und Sterne,
in und um uns Bewegung,
Leerheit und Fülle,
das ist die Art des Universums, in der wir uns bewegen.

Ein Tag bei den Höhlen

Oder: Auf der Suche nach dem Geist

Wie sieht so ein Tag bei den Höhlen eigentlich aus?
Das ist ganz verschieden, denn die Höhlen sind kein Kloster, bei dem es einen fest geregelten Tagesablauf gibt, sondern jeder der Eremiten und jede der Eremitinnen geht seinem eigenen, individuellen Rhythmus nach. Natürlich gibt es auch gemeinsame Zeremonien, gemeinsame geistige Übungen, die oft viele Stunden und manchmal mehrere Tage in Anspruch nehmen. Diese gemeinsamen Übungen finden in einer größeren, eigens dafür eingerichteten Höhle statt, der so genannten Gompa, und sind über den Monatslauf und den Jahreskreis verteilt. Jeder, der will und kann, nimmt an diesen Übungen teil. Es gibt aber auch viele, die nicht jedes Mal kommen, zum Beispiel weil sie ihre eigenen Übungen nicht unterbrechen wollen oder weil sie gerade selbst in strenger Klausur leben, bei der sie Tage, Wochen oder Monate lang ihre Klause nicht verlassen.
Jeder Einsiedler geht also seinem eigenen Rhythmus nach, der von den geistigen Übungen abhängt, die er oder sie gerade macht.
Bei mir ist es ganz ähnlich. Wenn ich wieder in die Einsiedelei komme, dann baut sich ein natürlicher Tagesablauf auf, der sich allmählich entwickelt und der jeweiligen Form der Meditation anpasst.

Es dauert gewöhnlich ein paar Tage oder eine Woche, bis ich hinein komme, und dann folge ich einfach dem Strom der Ereignisse und der geistigen Entwicklung.
Jetzt möchte ich von einem Tag erzählen, der in seiner Art für das Leben hier heroben und die Rolle, die ich spiele, typisch und doch in seiner Vielfalt erstaunlich ist.
Es ist der 5. November 2009, und ich gehe die Tagebuchaufzeicnungen durch, die ich mir für diesen Tag gemacht habe.

Der Tag beginnt sehr früh mit einer Morgenmeditation in meiner Höhle. Die Träume sind abgeklungen, der Darm ist etwas unruhig wegen der ungewohnten Kost, aber der Geist ist frisch und klar und freut sich an der Stille und Reinheit des Morgens in der nüchternen Einfachheit der Klause. Am Altar brennt eine Kerze, ein Räucherstäbchen verbreitet einen angenehmen Duft, und ich folge den Bewegungen des Geistes, ohne mich weiter einzumischen.
Nach einer Weile beginnt die Dämmerung immer stärker zu werden. Ich ziehe mich also an, werfe die Jacke über und verschließe meine Höhle. Dann gehe ich ein kleines Stück den Berg hinauf, hindurch zwischen Felsen und den Bündeln des frischen Heus, das die indischen Frauen mit ihren Sicheln geschnitten haben und das am nächsten Tag abgeholt wird.
Unterwegs höre ich Stimmen. Wer mag hier so früh schon unterwegs sein? Kurze Zeit später ruft man mich beim Namen. Ich bleibe stehen und warte auf die Ankommenden: Es ist ein Inder mit zwei entzückenden Kindern, sieben oder acht Jahre alt, ein Bub und ein Mädel. Er stellt sich vor; ob ich mich an ihn erinnern könne? Er hat mir vor vielen Jahren immer wieder Milch zu meiner Höhle gebracht. Ja, jetzt, wo ich sein Gesicht sehe, kann ich mich wieder erinnern. Nur war er damals ein kleiner Junge, und nun ist er ein erwachsener Mann. Wir plaudern freundlich ein paar Worte; er hat ein schönes Gästehaus, eine Art Fremdenpension, hier im Ort gebaut, und lädt mich ein, ihn doch bald einmal zu besuchen. Parma heißt er, oder jedenfalls wird er so genannt. Dann geht er mit seinen Kindern weiter, um die Grasbüschel zu sammeln und heim zu tragen, damit die Wasserbüffel im kommenden Winter etwas zu fressen haben.

Ich gehe weiter zu meinem gewohnten Platz, um dem Sonnenaufgang beizuwohnen. Es ist ein etwas hervorragender Fels, von dem aus man wie von einem Balkon eine wundervolle Aussicht auf die Berge und Hügelketten und auf die höchsten Schneeberge des Himalajas hat, die von hier aus zu sehen sind. Der Ausblick ist atemberaubend schön und weit. Es ist hier der höchste Berg im Umkreis, und nichts hindert die Sicht in alle Richtungen. Es ist ein wenig kühl, der Wind geht, und ich schließe meine Kapuze. Dann setze ich mich ruhig hin und warte. Noch ist die Sonne nicht aufgegangen, aber ihre Gegenwart kündigt sich schon immer deutlicher an. Dann leuchten die allerhöchsten Schneegipfel rot auf, immer weiter schreitet das Licht, immer heller wird es, und immer mehr Gipfel erscheinen im Licht der Sonne. Und schließlich trifft ein Strahl auch den Gipfel des Berges, auf dem ich sitze, und jetzt erscheint über einem Bergrücken der helle Strahl des Lichts der aufgehenden Sonne. Was für ein Schauspiel, jeden Morgen!
Ich bleibe noch eine Weile sitzen und lasse die Erhabenheit des Augenblicks und der Landschaft auf mich wirken. Dann erhebe ich mich langsam und wandere allmählich wieder meiner Klause zu.
Hier angekommen, koche ich mir einen Milchkaffee und gehe hinaus auf meinen Vorplatz, es ist dies wieder ein Felsvorsprung, und lege eine weiche Matte auf, auf die ich mich setze, um etwas Heißes zu trinken und ein Stück Brot zu essen. Auch von hier gibt es eine schöne Aussicht hinunter ins Tal, auf den Lotus-See und den Ort, auf den Wald und die Dörfer. Es gibt sieben Seen auf dem Vulkanberg, und ein paar davon kann ich von hier aus sehen.
Die Sonne steigt höher, es wird wärmer, und Wohlgefühl erfüllt den Körper. Der Geist entspannt sich, und die Meditation geht weiter.
Nach einer Weile, es wird schon fast heiß, ziehe ich mich in meine Klause zurück, um hier ein paar geistige Übungen der rituellen Art zu machen. Es sind die Übungen des tibetischen Ngöndro, vorbereitende Reinigungsübungen für den Geist, die am Anfang 100.000 Mal (wirklich 100.000 Mal!) gemacht werden. Das habe ich schon vor fast 30 Jahren getan und einige Jahre dafür gebraucht. Jetzt ist es nur mehr ein Auffrischen der Wirkung dieser Übungen. Es sind Gebete der Zufluchtnahme, gewidmet allen fühlenden Wesen. Es sind Ver-

neigungen, ein Reinigungs-Mantra, das den geistigen und physischen Körper mit Segensnektar durchströmt. Nicht zuletzt stellen die Gebete die Verbindung mit der Übertragungslinie des Segens des eigenen Lehrers her, der die vier Haupt-Chakren des spirituellen Organismus erfüllt.
Danach kommt der christliche Teil der Übungen. Ich lese etwas im Evangelium, spreche ein paar Gebete und zelebriere die Kernpunkte der Messe nach der Tradition des Hesychasmus und des Herzensgebets, in der der Abendmahlsaal in das innere Wesen des Menschen aufgenommen wird. Dazu kommen Fürbitten und ein Schlusssegen. Die christlichen Übungen sind eine schöne Ergänzung des geistigen Lebens in diesem Raum, und die Kräfte bereichern sich gegenseitig. Sie sind verschieden, aber sie unterstützen einander und geben den Übungen eine eigenartige Färbung und Kraft.
Danach kommen ein gutes Frühstück und die alltäglichen Verrichtungen wie Waschen, Tagebuchschreiben, kleinere Arbeiten usw. Dann wird es bald Zeit, das Mittagessen zu kochen. Während das Essen kocht, finde ich Zeit zu einer kurzen Meditationssitzung.
Nach dem Essen gibt es eine kurze Rast, dann schließe ich wieder meine Höhle ab, nehme einen Rucksack und wandere hinunter zur großen Höhle mit der Statue, dem Zentrum des Wallfahrtorts und dem Zentrum der Höhlengemeinschaft. Hier gibt es eine Pilgerküche, und hier hat auch mein Lehrer seine Klause, ein bescheidenes Häuschen, das im Wesentlichen aus einem Raum besteht und das genau über dem Eingang zur großen Höhle liegt.
Ein paar Worte mit den Nonnen bei der Klosterküche, dann ziehe ich die Schuhe aus und will die Hütte meines Lehrers betreten, aber jemand kommt mir entgegen. Es ist ein junger Mann, offenbar ein Fremder, ein Tourist, ein Russe.
Ob ich Tibetisch kann? Ja!
Ob ich für sie übersetzen kann? *Why not?* – „Warum nicht?“
So kehrt er wieder um, sagt seinen Begleiterinnen, sie sollen auch bleiben, und ich gehe hinein.

Ich begrüße meinen Lehrer herzlich, er lächelt mich an, dann ein paar Worte mit den anwesenden Tibetern, und schließlich setze ich mich auf einen etwas erhöhten Platz, meinen Lehrer gegenüber, wo ich gewohnt bin zu sitzen.

Dann folgen ein paar kurze Erklärungen. Mein Lehrer erzählt, dass er seinen Gästen ein paar Mantras erklärt und sie dann gemeinsam mit ihnen zu einer schönen tibetischen Melodie gesungen hat. Den Takt dazu klopft er auf dem Holztisch vor sich.

Er spricht selbst kaum Englisch, kann also ohne Übersetzer keine tiefergehenden Belehrungen geben.

Jetzt erzählt er, und ich übersetze natürlich gleich, dass er bei seiner letzten großen Vortragsreise in die Vereinigten Staaten, Kanada und Südamerika am Ende der Meditationsbelehrungen gemeinsam mit den vielen Zuhörern, 200 oder 300, eben diese Mantren gesungen habe. Sie helfen, Segen zu spenden und die Hindernisse am geistigen Weg und auch im persönlichen Leben zu beseitigen.

Om Ah Hung Benzam Guru Padma Siddhi Hung, das Mantra von Guru Rinpoche, *Om Mani Padme Hung,* das Mantra von Chenresig (Sanskrit: Avalokitshvara), der Hauptgottheit der Tibeter, der Kraft des Mitgefühls, dessen Verkörperung der Dalai Lama ist, und zuletzt *Om Tare Tutare Ture Soha,* das Mantra von Tara, der weiblichen Seite des Erleuchtungsgeistes.

„Wie soll man diese Mantren meditieren?", fragt der Russe, denn ich habe ihm erklärt, dass das sehr gute Anfangsübungen für die Meditation seien.

Der Lama antwortet, und ich übersetze: Man visualisiert die geistigen Kräfte, deren Ausdruck diese Mantren sind, als Lichtgestalten, so wie die Spiegelung des Mondes am Wasser, Guru Rinpoche und Chenresig über dem Kopf, Tara gegenüber.

Dann beginnt er mit den eigentlichen Meditationsbelehrungen, deretwegen die drei Pilger die weite Reise gemacht haben und hier herauf gekommen sind.

Es waren, wie gesagt, ein junger Russe und zwei junge Russinnen, von denen die eine recht gut Englisch konnte, die andere nicht.

So gab es eine fast babylonische Sprachverwirrung, denn zuerst sprach mein Lehrer auf Tibetisch, ich übersetzte innerlich auf Deutsch und sprach dann Englisch, die Russin übersetzte schließlich das Englische ins Russische.

Trotz dieses komplizierten Vorgangs verstanden wir uns ganz ausgezeichnet, und die Bedeutung und der Sinn der Worte waren deutlich mehr präsent als der sprachliche Ausdruck.
Jetzt begann mein Lehrer in der üblichen Weise: Wer führt? Körper, Sprache oder Geist? Natürlich ist es der Geist, der führt. Er ist wie der König, Sprache und Körper sind die Diener und der Hofstaat. Der Geist hat am Morgen beschlossen, zu den Höhlen herauf zu fahren und hierher zu kommen, Sprache und Körper sind gefolgt. Der Geist hat in Russland beschlossen, nach Indien zu kommen, und Sprache und Körper sind gefolgt. Das leuchtet ein, und dann geht es weiter: Kommt dieser Geist von außen? Ist er in den Steinen, in der Erde, am Boden, in der Wand oder sonst wo, oder kommt er vom offenen Raum, vom Himmel irgendwie herein? Nein, natürlich nicht. Der Geist kommt nicht von außen.
Dann, ist der Geist irgendwo im Körper zu finden? Ist er in den Haaren, ist er in der Kopfhaut, ist er im Schädel, im Hirn, oder ist er vielleicht irgendwo im Rumpf, im Herzen, in der Lunge oder tiefer unten, im Magen oder im Darm, in der Leber, in den Nieren usw.? Ist er in den Armen oder in den Beinen?
Überall, wohin man genau schaut, sieht man: Hier ist der Geist nicht. Dann kommt die Erinnerung daran, dass der Körper stirbt. In Indien wird der Leichnam gewöhnlich verbrannt. In Tibet werden die Toten auf die hohen Berge getragen und dort von den großen Vögeln, von den Geiern, gefressen. Das Feuer kann den Körper verbrennen, aber nicht den Geist. Die Vögel können den Körper, die Organe, das Herz und das Hirn fressen, aber nicht den Geist.
Die Belehrungen gehen rasant weiter: Hat dieser Geist, der da führt und daher irgendwie da sein muss, den man aber nirgends finden kann, irgendeine Form oder Farbe? Ist er vielleicht dreieckig, viereckig oder rund, ist er eine Linie oder eine Kugel? Und dann, ist der Geist vielleicht rot oder grün, gelb oder schwarz?
Nein, dieser Geist hat keine bestimmte Form und keine bestimmte Farbe. Er ist offen und weit.
Dann kommt der nächste Schritt: Stellt euch euer Haus in Russland vor, ganz deutlich, so genau, wie es geht. Erinnert euch an alles und geht darin herum.

Nun ist die Frage, wie macht der Geist das? Geht der Geist nach Russland? Natürlich nicht, denn sonst müsste er ja den Körper verlassen, und dann wäre er nicht mehr hier. Oder kommen das Haus oder die Essenz des Hauses irgendwie hierher, nach Indien, in dieses Häuschen?

Natürlich auch nicht. Nichts ist hier hierher gekommen. All diese Dinge erscheinen im Geist, innerhalb des Geistes.

Nichts ist außerhalb.

Im Geist erscheinen alle Bilder, erscheinen alle Gedanken, alle Vorstellungen und Erwartungen.

Hier erscheint, was wir mögen und was wir ablehnen, gut und schlecht und alle Stimmungen und Gefühle. Alles ist innerhalb des Geistes.

Es ist so wie die Wellen am Ozean. Die Wellen gehen am Ozean dahin. Sie sind nicht verschieden vom Ozean, sie sind Wasser und immer wieder kehren sie ins Wasser zurück.

So ist es mit den Vorstellungen und Gedanken im Geist. Sie sind aus Geist gemacht, und immer wieder kehren sie in den Geist zurück. Das wahrzunehmen, das zu beobachten, das ist der Anfang der Meditation.

Zum Schluss erinnert mein Lehrer seine Gäste noch daran, dass sie jetzt einen menschlichen Körper haben, dass sie reisen können und sich ihnen so die Gelegenheit geboten hat, mit diesen Meditationsbelehrungen in Berührung zu kommen. Das sei eine ganz seltene und glückliche Gelegenheit, die sich nicht immer und nicht jedermann biete.

Es sei wie der Gang durch ein Tal mit Gold und Juwelen. Es wäre dumm, die Gelegenheit nicht zu nützen und das Tal mit leeren Händen wieder zu verlassen. Ebenso wertvoll wie das Gold und die Juwelen in diesem Tal seien die Meditationsbelehrungen, die sie eben bekommen haben.

Dazu komme, dass wir nicht wissen können, wie viele Tage oder Jahre uns noch bleiben, uns noch geschenkt sind. Es sei also ratsam, bald und intensiv zu meditieren.

Nach diesem Strom, nach dieser Überfülle bei der ersten Begegnung,

verabschieden sich die russischen Pilger, während ich noch eine Weile bleibe, etwas Tee trinke und mit dem Rinpoche ein paar Worte wechsle.
Dann schreibe ich nur rasch einen Dankbrief an den Sponsor der Nonne, die uns den Tee bereitet hat, und ziehe mich auch zurück.
Am Vorplatz sitzen die drei Russen. Ich geselle mich noch kurz zu ihnen, lade sie auf eine Tasse Tee in der Pilgerküche ein und helfe ihnen ein wenig, das Gehörte zu verdauen und Notizen zu machen, und beantworte Fragen.
Ob die ganze Wirklichkeit nur Vorstellung ist? Und alles nur wie ein Traum ist?
Diese Fragen führen nicht viel weiter, würde mein Lehrer sagen. Jetzt sollte man einmal die Übungsreihe anwenden, die man gerade bekommen hat. Es nützt nichts, sich über den Geschmack von Honig Gedanken zu machen. Man muss ihn kosten, dann weiß man Bescheid.
Dasselbe gilt von den Meditationsbelehrungen. Es nützt nichts, viel über sie nachzudenken. Man muss sie anwenden.
Dann erkläre ich doch ein wenig, dass der Buddhismus der mittlere Weg zwischen Realismus und Nihilismus ist.
Weder ist die Wirklichkeit so, wie sie erscheint, noch ist die Wirklichkeit einfach nur Erscheinung ohne Inhalt. Das Dorf am Berg, das wir hier sehen, ist nicht einfach nur ein Traum, nur eine Vorstellung. Auch das Leben ist nicht einfach nur ein Traum, nur eine Vorstellung. Vielmehr ist es so, dass die Wirklichkeit vom Urgrund, vom ungestalteten Dharmakaya ausgeht, sich im Sambhogakaya formt und dann über die vier Elemente Gestalt annimmt. Unsere Gedanken und Vorstellungen sind nur ganz oberflächliche Erscheinungen in dieser letzten Stufe der Verkörperung.
Aber das ist natürlich ein ganz anderes Weltbild als das, an das wir als westlich-wissenschaftlich geschulte Menschen gewohnt sind.

Jetzt endlich stellen wir uns gegenseitig vor. Kyrill heißt der junge Mann, Xenia seine Begleiterin und die dritte junge Frau, die, die gut Englisch kann, heißt Maria. So ähnlich wie Tara, meine ich, und dann verabschieden wir uns, während ich ihnen den Rat ge-

be, ein wenig zu üben und nach ein paar Tagen wieder zu kommen. Zuletzt schreibe ich noch einen weiteren Dankesbrief für eine tibetische Nonne, die eine großzügige Unterstützung aus Österreich bekommen hat, und dann wandere ich wieder heim, den Berg hinauf durch die malerische Landschaft zu meiner Klause. Immer wieder bleibe ich stehen, um einen besonderen Ausblick zu genießen. Für den, der Augen hat zu sehen, ist es hier wie ein Wunderland.
In meiner Höhle angekommen, meditierte ich kurz, und dann folgt eine gemütliche Siesta.
Nach einer Weile werde ich wieder aktiv, setze mich auf und beginne intensiv zu meditieren. Ich gehe die Übungsreihe durch, die ich gerade übersetzt habe, und dann immer tiefer und immer weiter, bis sich der Sinn in der Fülle erschließt. Die Übungen sind meisterhaft gesetzt, um unser unruhiges Ich aufzulösen und seine Schlupfwinkel auszuleuchten. Die Identifikation mit dem Körper und den festgefahrenen Vorstellungen wird ein wenig gelockert, und manchmal, wie durch eine dichte Wolkendecke, die sich langsam lichtet, leuchten die ersten Strahlen der Wirklichkeit durch. Immer weiter, immer größer, immer entspannter wird der natürliche Geist.
Jetzt ist es fünf vorbei, und der Abend kommt. Die Sonne zieht sich allmählich zurück, die Schatten werden länger, und wieder schließe ich meine Höhle ab und wandere hinunter. Unterwegs sehe ich den Sonnenuntergang. Am Bergkamm stehen einzelne Bäume, Pinien mit ganz charakteristischen Formen, fast, als wären es Palmen, die sich wie Scherenschnitte gegen den Horizont abzeichnen. Ein paar hübsche, längliche Wolken fangen das Sonnenlicht auf und geben ihm einen eigenen Reiz.
Ich setze mich einen Augenblick hin, und dann fällt mir ein, dass mir mein Lehrer vor wenigen Tagen eine besondere Übung gezeigt hat, bei der man mit dem Licht der untergehenden Sonne arbeitet. Diese Übungen sind „geheim“, deshalb kann ich hier nur ein paar Andeutungen machen. Es ist das erste Mal, dass ich an diesem Tag diese besondere Art der Übung versuchen kann, und ich bin froh über die ersten Ergebnisse.
Bald wandere ich weiter hinunter und komme wieder zur Hütte meines Lehrers.

Er ist es gewohnt, am Abend draußen zu sitzen, um die Stimmung zu genießen. Der eine oder andere Tibeter aus der nächsten Umgebung setzt sich dann manchmal zu ihm, um gemeinsam den Tag ausklingen zu lassen oder über persönliche Dinge zu reden. Auch ich bin hier willkommen und genieße das Privileg, mit meinem Lehrer die Abendsuppe zu teilen.

Als ich komme, ist gerade eine alte Verwandte des Lamas da, die schon seit vielen Jahren hier bei den Höhlen lebt und ein fast biblisches Alter erreicht hat. Bei ihr ist ein kleiner weißer Hund, Turi, ein Enkel oder Urenkel von Mignack, von dem die oben erzählte Geschichte in diesem Buch handelt.

Ich habe einmal ein Foto gesehen, dass sie in viel jüngeren Jahren zusammen mit meinem Lehrer bei der Nomadenfamilie in Tibet zeigt. Sie plaudert unentwegt, während ich Platz nehme und überlege, ob ich meine Erfahrung meinem Lehrer mitteilen sollte. Doch dann führt mich die Stimmung des Ortes und der Gegenwart des Lamas bald in die Stille, und eine ruhige und entspannende Meditation erfüllte den Geist. Schließlich verlässt uns die alte Dame, um schlafen zu gehen. Den Hund nimmt sie mit, auch um ihn vor dem Leoparden zu schützen, der schon wieder in der Gegend gesehen worden war.

Dann sitzen wir eine Weile schweigend zusammen. Schließlich formt sich doch eine Frage in meinem Geist, und ich teile meinem Lehrer das Erlebnis mit, das ich am Weg herunter beim Sonnenuntergang hatte. Ob das Namtok wäre, das übliche Geschwätz des Geistes?

Nein, meint mein Lehrer sehr ernsthaft. Was ich gesehen habe, waren die inneren Projektionen und Vorgänge, das natürliche Leuchten der Leerheit des Dharmakaya. Weitere Gestalten würden folgen, Gestalten, die er mir genauer beschrieb.

Zum Schluss gab er mir eine kurze Zusammenfassung der Ähnlichkeiten der Meditation von Dzogchen und Mahamudra. Die Leerheit des Dharmakaya, des Urgrundes, aus dem in natürlicher Weise das „innere Leuchten" des Sambhogakaya entsteht. Rigpa, das Gewahrsein, das sich ungehindert ausbreitet und die Erscheinungen im Geist erhellt. Nirmanakaya, die tätigen Wirkungen des Erleuchtungsgeistes, und Bodhicitta, das Streben nach Erleuchtung zum Wohle aller Wesen.

Wenn wir uns von den Bewegungen des Geistes faszinieren lassen, verlieren wir den Grund „unter den Füßen“ und werden in den Kreislauf des Samsara hineingezogen. Bleiben wir im ursprünglichen Gewahrsein, lösen sich alle Wellen von selbst wieder auf.
Alles erscheint innerhalb dieses Gewahrseins, nichts ist außerhalb.
Was ich hier darüber schreiben kann, sind nur Worte, nur Hinweise, aber in dem Moment und in dieser Gegenwart ist alles klar und einfach.

Mit einem tiefen Frieden und einem Glücksgefühl im Herzen verabschiede ich mich für diesen Abend von meinem Lehrer und von einer Nonne, die zu uns gekommen ist und deren Herzensgüte wie eine Sonne strahlt, und wandere nun durch die finstere Nacht wieder hinauf zu meiner Klause. Ich habe eine Taschenlampe dabei, aber oft schalte ich sie aus, um den Blick auf die Lichter im weiten Tal und die Sterne am Himmel nicht zu verdecken.
Daheim mache ich mir ein heißes Fußbad, trinke noch eine Tasse heißen Wassers, zündee die Kerze am Altar an und setze mich auf meinen Meditationsplatz.
Fast nichts ist zu tun, als zu sitzen und die natürliche Freude und Bewegung des Geistes fließen zu lassen.
Nach einer guten Weile nehme ich das Handy zur Hand und wähle die Nummer meiner Frau in Österreich. Die Verbindung kommt bald zu Stande: Wunder der modernen Technik, denn heute kann man sogar schon von einer Höhle im Himalaja aus mit der ganzen Welt telefonieren. (Ich vergaß ganz zu erwähnen, dass während der Meditationsbelehrungen, die mein Lehrer für die Russen gab, mehrmals das Telefon läutete und ein kurzes Gespräch geführt wurde.)

„Ich (so erzählte später meine Frau zu diesem Telefonat) war gerade in Wien. Ich hatte eben Tee besorgt und stand neben der Oper, als das Telefon läutete, rund um mich der frühe Nachthimmel und die glitzernde, pulsierende Stadt. Durch die gute Telefonverbindung und die Freude über deine Nähe verwandelten sich die Geräusche rund um mich zu einem sehr viel ruhigeren Klangteppich. Mit dem Blick über die hell erleuchtete Kärntner Straße hin zum Stephansdom begegneten

sich zwei Welten. Wir erzählten und hörten einander zu und ich teilte die wesentlichen Impulse dieses Tages mit dir."

Ein paar liebende Worte des Austauschs und der Freude, dann etwas zum Verlag. Wir sind ja gerade dabei, den richtigen Titel für dieses Werk auszuwählen. „Über alle Grenzen" gefiel allen am besten, und das war ja auch der erste Gedanke gewesen. Meistens ist der erste Gedanke der beste, also bin ich mit der Entwicklung sehr einverstanden. Nur der Untertitel sei noch nicht ganz klar, aber am Cover werde schon gearbeitet.
Wie es mit meiner Gesundheit gehe, mit der Stimmung, wie das Wetter in Österreich sei ...
Nach dem Telefonat sitze ich wieder, bis die Zeit zum Schlafen gekommen ist. Bei guten Entwicklungen muss man immer sehr vorsichtig sein, denn oft gibt es einen Gegenschlag, und je schneller man voran will, desto langsamer geht es. So bin ich darauf gefasst, in der Nacht mit Schwierigkeiten zu ringen, die dann auch prompt kommen. Die ungewohnte Kost hat meinem Darm sehr zugesetzt, vielleicht sind auch einige Infektionen hinzugekommen, und so habe ich später in der Nacht etwas zu ringen: eine gute Gelegenheit, die Macht des Geistes über den Körper zu erproben und geistigen Segen in Gesundheit umzuwandeln.
Dann kündigt sich mit dem ersten Licht der Dämmerung der neue Morgen an.

Ein Tag und eine Nacht bei den Höhlen.

Take a candy! – Nimm eine Süßigkeit!

Meditation ist eine seltsame Sache. Man kann sie nämlich nicht „machen". Je mehr man versucht zu meditieren, desto weniger geht es. Was für unseren Geist wichtig und groß erscheint, was für unseren Verstand eine wichtige Rolle spielt, das ist auf der absoluten Ebene vollkommen unbedeutend.
Eigentlich geht es darum, sich selbst und seine Pläne immer mehr

zurückzunehmen, bis nur mehr die Essenz übrig bleibt. Denn alles, was wir glauben, was wir machen, was wir denken, gründet letztlich in dem Kreisel von Gier, Hass und Verblendung, den drei Geistesgiften aus buddhistischer Sicht.

Gier bedeutet, etwas haben zu wollen, auf etwas zuzugehen, von etwas angezogen zu sein.
Hass bedeutet, etwas abzulehnen, etwas wegzustoßen, sich von etwas zu distanzieren.
Und Verblendung schließlich oder Unwissenheit bedeutet, dass wir eine falsche Vorstellung von unserem eigenen Wesen haben, eine Vorstellung, die es erlaubt, dass uns etwas magnetisch anzieht oder dass wir etwas gewaltsam zurückstoßen.

In all diesen Fällen verzerrt sich unsere Sicht der Wirklichkeit, und wir beginnen, egoistisch zu fühlen und zu handeln, womit wir uns von den wirklichen Zusammenhängen der Welt trennen.

Um die Auflösung dieses Kreislaufs geht es in der Meditation.
Natürlich bleibt auch nachher die Welt bestehen, der Körper bleibt bestehen, Gedanken, Gefühle und Bilder kommen und gehen wie vorher. Aber das Anhaften, das Annehmen und das Abstoßen hören auf.
Die Erscheinungen kommen und gehen wie die Wellen am Ozean. Die Welle steigt auf, sie sinkt wieder ins Meer zurück. Sie war vorher Wasser, und nachher ist nichts als Wasser da. Ohne Mühe und ohne Anstrengung. Aus dieser Sicht der Dinge wachsen eine heitere Gelassenheit und eine angenehme Sorglosigkeit, die uns erlauben, tatsächlich mit der Wirklichkeit zu fließen und jene Dinge zu sehen und zu tun, die wichtig sind.

Als eine Schülerin zu Milarepa kommt, und erzählt, dass sie in ihrer Meditation von vielen Gedanken abgelenkt wird, singt ihr Milarepa das folgende Lied.

Meine Meditation ist wie der Berg.
Aber auf dem Berg wachsen Gras und Bäume.
Das Gras und die Bäume können dem Berg nichts anhaben,
sie schaden ihm nicht, sondern sie gehören einfach dazu.
So sind auch die Gedanken ein Teil des Geistes, sie stören nicht,
sie schaden nicht, sondern sie gehören einfach dazu.

Meine Meditation ist wie der Himmel.
Aber auf dem Himmel ziehen Wolken dahin.
Die Wolken können dem Himmel nichts anhaben,
sie schaden ihm nicht,
sie gehören einfach dazu.

Meine Meditation ist wie das Meer.
Aber auf dem Meer gehen Wellen dahin.
Die Wellen schaden dem Meer nicht, sie nehmen ihm nichts weg,
und sie fügen auch nichts hinzu.
So entstehen die Gedanken im Geist
und kehren auch wieder dorthin zurück,
wenn es kein Ich gibt, das krampfhaft versucht,
sie festzuhalten oder sie abzustoßen.

Das klingt alles sehr einleuchtend, ist aber in der Praxis ganz schön schwierig. Unser Wesen hat eine Menge Tricks auf Lager, um sich immer wieder einzuschleichen und neue Muster zu bauen. Das geht mir selbst so, und ich sehe es oft auch bei anderen. Das völlige Loslassen, die völlige Entspannung scheinen paradoxerweise das Schwierigste zu sein, was wir machen können, eben weil wir es nicht machen können.

Einmal war ein Westler zu meinem Lehrer gekommen, ein Amerikaner, der unten beim See wohnte und jetzt heraufgekommen war, um ein paar Fragen zu stellen. Ich war zufällig gerade da, denn ich hatte vorher mit dem Lama gut zu Mittag gegessen, und jetzt waren wir bei einer Tasse Buttertee angelangt. So übernahm ich die Übersetzung für unseren Gast.

Die Fragen betrafen sehr diffizile Punkte der Dzogchen-Praxis. Es waren Fragen nach den verschiedenen Sinnes-Bewusstseinsarten und der Unterscheidung zwischen dem, was sich natürlicherweise zeigt, und dem, was unser Ich-bezogenes Bewusstsein dabei hinzufügt.

Unser Gast wurde gut bewirtet, und geduldig beantwortete mein Lehrer alle Fragen. Als er damit zu Ende war, gab er dem Besucher die einfachsten Anfangsbelehrungen und sagte ihm, er solle darüber meditieren und nach zwei Tagen wieder kommen.

Der Amerikaner kam am nächsten Tag wieder. Er hatte die einfachen Anfangsübungen nicht gemacht, sondern kam, um sich zu verabschieden, weil er einen noch exotischeren Ort aufsuchen wollte.

Have a candy! – „Nimm eine Süßigkeit!“, war die Antwort meines Lehrers.

Der unruhige Geist des Westens hatte wieder einmal gesiegt und eine gute Gelegenheit vorübergehen lassen.

Als er gegangen war, schüttelten wir beide den Kopf; aber nur einen kurzen Augenblick, denn mir war so etwas auch schon oft selbst passiert.

Zum Beispiel eben neulich. Ich war nach einem Jahr im Westen wieder zum Lotus-See zurückgekommen, hatte dort etwa eine Woche verbracht und war jetzt wieder in meine Klause gekommen. Es war der zweite oder der dritte Tag, und mein Geist war noch aufgewühlt von der Reise, von der Umstellung und von den Erlebnissen im Westen. Am Abend war ich zu einer guten Tukpa, einer Suppe, geladen, die wir gemeinsam im Freien vor der Hütte meines Lehrers verzehrten. Es war ein wunderbarer Abend, das Licht der Abenddämmerung vergoldete die Berge rundherum, der Blick ins Tal war offen und weit, die Stimmung beruhigt, friedvoll und gediegen. Die engste „Familie“ war zusammen, der kräftige Helfer meines Lehrers, ein Khampa-Krieger wie aus dem Bilderbuch, eine herzensgute Nonne, die für die Pilgerküche verantwortlich war, eine alte Großmutter, eine Verwandte aus Tibet, die hierher zum Lama gekommen war, eine weitere Nonne von den Höhlen und ein paar Hunde.

Auf die Hunde musste man besonders Acht geben, denn der Leopard war wieder unterwegs und hatte in den letzten Tagen zwei oder drei

Kühe im Nachbardorf angefallen und aufgefressen, und kleinere Tiere wie Hunde und Katzen waren vor ihm natürlich nicht sicher.
In dieser Stimmung kamen wir auch auf die Meditation zu sprechen, und jetzt war ich es, der die einfachsten Anfangsbelehrungen bekam. Was ist die Natur des Geistes? Wenn ich mir mein Haus in Österreich vorstelle, wie macht es der Geist dann? Ich kann alles genau sehen, ich kann durch die Türen ein- und ausgehen, es ist so, als wäre ich dort. Und trotzdem ist da niemand hingegangen oder hingeflogen. Der Geist hat keine Füße, und doch kann er gehen. Er hat keine Augen und doch kann er sehen. Er hat keine Ohren, und doch kann er hören. Wie geht das vor sich?
Dann erzählt mein Lehrer von seinem Kloster in Tibet. Er kann den Berg ganz genau sehen, die Gebäude, den großen Fluss, den kleinen Fluss, die Gebetshallen und die Mönchquartiere. Ganz dasselbe.

Dann gehen die Belehrungen weiter, die Bilder erscheinen im inneren Licht des Geistes, Rigpa, das natürliche Gewahrsein, strahlt aus und ist weit wie der Himmel, offen und groß wie der Raum bis an die Grenzen des Universums.

Wie wir so reden, fällt mir ein, dass man beim Dzogchen manchmal ein „Dunkel-Retreat" macht. Dient das dazu, um dieses innere Leuchten genauer zu untersuchen?
Ich frage meinen Lehrer, aber da wird er ernst. Das intellektuelle Verständnis dieser Dinge nützt nichts. Es kommt auf die Praxis an und nur auf die Praxis. Man muss die Übungen machen, geduldig und immer wieder, bis sie von innen her zu wirken beginnen, bis ein allmähliches Verständnis erscheint, das nur aus dem eigenen Geist geboren werden kann.
Vorher greift der Geist zu, wie ein kleines Kind. Nimmt alles, spielt mit allem, so wie unser unruhiger Geist eben gewohnt ist zu wirken. Man kann hier nur ganz schweigen, loslassen und öffnen. Der natürliche Geist, der nichts mehr will, nichts mehr hält.

Ich bleibe noch eine ganze Weile. Der Abend ist jetzt schon weiter fortgeschritten, es ist dunkel geworden, und der Mond und die Sterne

leuchten am Himmel. Die Stimmung wird immer herzlicher, und jetzt beginnt mein Lehrer, Dzogchen-Gesänge zu rezitieren. Mein Tibetisch ist nicht gut genug, um den ganzen Sinn zu erfassen, aber ich spüre die Stimmung, und ich fühle die Übertragung. Er spricht jetzt für seine engsten Schüler und Freunde, die hier am Abend zusammensitzen.
Dann erzählt er allen, dass er mit mir heute Abend noch einmal die ersten Übungen durchgegangen ist, was zu freundlicher Heiterkeit bei diesem ausgesuchten Kreis führt.
Mein „Ingi-Geist" ist beschämt und zieht sich zurück. Ich verabschiede mich und gehe in meine Höhle, um dort intensiv zu meditieren. Und bald öffnet sich der Geist wieder, der Geist, der zwischen hohen und niedrigen Belehrungen unterscheidet, der Geist, der sich vordrängt, der Geist, der rasch Erleuchtung gewinnen will, um sich wichtig zu machen.
Was für eine Entspannung, was für eine Erholung.
Dzogchen-Gesänge des Augenblicks und ein wirklich liebevoller Lehrer, der geduldig und immer wieder alle Übergriffe des planenden, forschenden Geistes auffängt, auflöst und verwandelt.

Noch ein Tag bei den Höhlen

Oder: Die Rückseite der Romantik

Im Leben derer, die einsgerichtet praktizieren,
erscheinen viele Hindernisse;
also praktiziert im Verborgenen.
(Milarepa)

Heute regnet es.
Es gibt Tage, an denen sich scheinbar alle Schwierigkeiten zusammenballen, an denen sich alle Mühsal und alle Not auf einen stürzen und an denen es auf den ersten Blick keinen Ausweg mehr gibt.
Es gibt bei meinen Reisen immer so einen Tag, an dem ich mich frage, warum ich mir das eigentlich auflade. Ich könnte es daheim so bequem haben, also was tue ich hier eigentlich?

Ich komme mir dann vor wie Sindbad der Seefahrer, der auf jeder seiner Reisen einmal Schiffbruch erleidet und in größte Not gerät. Da verflucht er seinen Übermut, der ihn schon wieder aus seinem sicheren Haus in Bagdad hinaus ins Abenteuer und in die Wildnis getrieben hat. Aber jedes Mal meistert er sein Schicksal und kehrt mit noch größeren Reichtümern zurück als vorher.

Heute regnet es. Das bedeutet, dass es nass und kalt wird. Das Dach ist nicht dicht, und es tropft herein, das Ungeziefer kriecht die Wände hoch, Spinnen und Skorpione, und es wird wirklich ungemütlich. Jetzt wird alles zum Problem, jeder Schritt zur Herausforderung, denn eine Höhle bietet keinen Komfort und kaum Schutz für den Körper. Es sieht aus der Entfernung alles sehr romantisch aus, aber das Leben ist hier hart, so direkt den Kräften der Natur ausgesetzt.

Einmal war eine Amerikanerin zu Gast, um die Nonne zu besuchen, die sie manchmal finanziell unterstützt. Als sie die primitiven Umstände sah, unter denen ihr Schützling haust, begann sie bitterlich zu weinen und konnte sich kaum beruhigen.
Es gibt hier kein Badezimmer, keine Küche, kein ordentliches Bett, und wenn es kalt wird, dann ist von Heizung natürlich keine Rede.
Das mag noch angehen, so lange man gesund ist, aber früher oder später wird hier jeder krank. Dann wird es schwierig, das Wasser zu tragen oder sich nur mit dem Notwendigsten zu versorgen; dann braucht es wirkliche Kraft, um den Widrigkeiten zu trotzen.
Aber das sind nur die äußeren Hindernisse. Viel schlimmer sind die inneren!
Als ich das erste Mal für eine längere Zeit zu den Höhlen kam, hatte ich einen Traum: Ich wanderte durch ein felsiges Gelände und ließ mich bei ein paar Felsblöcken nieder. Da sah ich rund um mich und in der ganzen Gegend verschiedene gefährliche Raubtiere: Löwen, Panther, Tiger … Das ganze Gelände war von ihnen erfüllt. Sie taten mir nichts, aber es war doch ein unheimlicher Anblick.
Als ich später mit meinem Lehrer darüber sprach, sagte er, dass dieser Traum nicht so weit hergeholt ist. Es gibt hier wirklich gefähr-

liche Raubtiere. Es gibt Leoparden, und manchmal verirrt sich auch ein Bär in diese Gegend, von den Giftschlangen ganz zu schweigen. Aber das ist nur die äußere Seite. Viel direkter und viel gefährlicher sind die inneren Raubtiere, die zerstörenden Kräfte in der eigenen Seele, die hier in der Wildnis deutlich hervortreten.
Ich habe mehrmals erlebt, dass Westler mit den besten Absichten in eine Höhle kamen, sie aber schon nach wenigen Tagen fluchtartig wieder verlassen mussten. Damit hatten sie nicht gerechnet!

Der spanische König soll einmal ein malerisches Kloster in den Bergen besucht haben. Bei dem Gespräch mit dem Abt meinte er: „Schön habt ihr es hier." „Ja, für die Vorübergehenden!", soll ihm der Abt geantwortet haben.
Aus der Ferne und für ein paar Stunden oder Tage sieht das alles sehr nett aus, aber wenn man wirklich hier lebt, dann kommt sehr bald der Ernst.
Das Leben in der Einsiedelei ist kein Abenteuerurlaub, keine Aus-Zeit vom wirklichen Leben, kein romantischer Camping-Spielplatz, sondern die Begegnung mit der Rückseite der Seele, individuell und kollektiv. Hier begegnet man den verdrängten Teilen des menschlichen Wesens und dem Schatten, dem eigenen wie dem der eigenen Kultur. Das sind die Raubtiere und die Dämonen, die den Einsiedler heimsuchen und mit denen er sich auseinandersetzen muss, ob er will oder nicht.
Auch Jesus wurde in der Wüste versucht, und es gibt keinen christlichen Eremiten, der nicht mit den Dämonen gerungen hätte.

In der Einsiedelei über dem Lotus-See hört man jede Nacht aus mehreren Höhlen die Klänge der Schamanentrommel, einen mystischen Gesang und den rhythmischem Klang der Glocke, der sich zu einem Crescendo steigert, das in einem lauten Ton des Hüfthorns, eines rituellen Instruments, das aus den Knochen eines Menschen geschnitzt wird, kulminiert. Diese Übung dient zum Aufrufen und zum Auflösen der dämonischen Kräfte, mit denen der Einsiedler lernen muss zu leben und umzugehen.
Im Übrigen bekämpft oder vernichtet der tibetische Yogi die Dämo-

nen nicht. Das würde ihren Einfluss nur noch weiter verstärken. Der größte Dämon ist die Selbstbezogenheit und der Glaube an ein ewiges Ich. Wer diesen Dämon überwunden hat, braucht keine bösen Geister mehr zu fürchten.

Der tantrische Buddhismus hat seine Wurzeln in den acht legendären Verbrennungsstätten des alten Indien. Hierher kamen die Yogis, um zu praktizieren, und aus diesem Feld des Todes und der Zerstörung kommen die wirkungsvollsten Übungen zur spirituellen Verwandlung.

Jede Großstadt braucht eine leistungsfähige Müllabfuhr, sonst erstickt sie in den eigenen Abfällen. Ähnlich ist es mit der menschlichen Kultur. Auch sie braucht Einrichtungen, um sich von den seelischen Schlacken zu befreien, die in natürlicher Weise immer wieder entstehen; Kräfte des Todes und der Zerstörung, die das Überflüssige abräumen.
Die Einsiedler sind es, die die schwierige Aufgabe auf sich nehmen, diese Kräfte zu bändigen, um alle anderen zu schützen. Dazu ziehen sie sich in die Wildnis zurück und setzen sich freiwillig den schwierigsten Umständen aus. Nicht, um die Welt zu fliehen, sondern um sie zu heilen.
Die Einsiedelei ist ein Labor der Seele, ein Hubble-Teleskop für den geistigen Zustand einer Kultur. Hier wird wertvollste Forschungsarbeit geleistet, und hier entwickelt man die „Strategien" zur Lösung seelischer Konflikte, die für den Alltag und für das geistige Leben der Gemeinschaft von größter Bedeutung sind.
Was mag es für den spirituellen Organismus dieser Welt bedeuten, dass das größte Labor der Menschheit am Dach der Welt gewaltsam geschlossen wurde und dass seine Vertreter jetzt in alle Welt verstreut sind?

In der Einsiedelei über dem Lotus-See hat sich ein wenig davon gehalten. Es sind und es waren besondere Menschen, die sich dieser Aufgabe widmen wollten, aber langsam werden sie alt, und viele von ihnen sind schon gestorben.

Es sind besondere Geschichten, die zu so einem Leben führen. Eine dieser Geschichten möchte ich als Beispiel für viele andere noch erzählen.

Es ist die Geschichte einer Nonne, die jetzt die „Seele des Berges“ genannt werden kann. Sie wurde in Tibet als Tochter einer Nomadenfamilie, die ihre Tiere in der Nähe des heiligen Berges Kailash weidete, geboren. Ihre Mutter starb bald, und der Vater heiratete eine andere Frau, die viele Kinder mit in die Ehe brachte. Das Mädchen wurde schon in jungen Jahren in einem nahe gelegenen Kloster als Nonne ordiniert, lebte aber vorläufig noch bei ihrer Familie.

Dann kam die Katastrophe für Tibet. Der Dalai Lama verließ das Land, und mit ihm viele Tibeter, die ihr religiöses Leben nicht aufgeben wollten. So kam auch die Nomadenfamilie nach einer abenteuerlichen Flucht nach Indien, wo sie in einem Flüchtlingslager in Strohhütten untergebracht wurde. Es waren sieben Kinder, die Eltern und einige Verwandte. Dann kam die Regenzeit und mit ihr die Seuchen und der Tod. Die ungewohnte Kost und das Klima Indiens setzten den tibetischen Flüchtlingen so zu, dass viele starben. Von der ganzen großen Familie blieb nur das Mädchen zurück. Die Schilfhütten wurden einfach in eine Grube geschoben, und für die Überlebenden wurden bessere Quartiere gebaut. Die Kinder schickte man in die Schule, die anderen wurden zu verschiedenen Arbeiten, vor allem zur Straßenarbeit, eingesetzt.

Später wurde sie in ein anderes Lager verlegt. Von religiösen Übungen war jetzt keine Rede, aber langsam besserte sich die Situation. Sie bekam Papiere, mit denen sie in Indien reisen konnte, und so begann sie, Wallfahrten zu machen: nach Bodhgaya, dem Ort, an dem der Buddha Erleuchtung gefunden hatte, nach Benares und zum Dalai Lama. Später konnte sie es so einrichten, dass sie ein ganzes Jahr in Bodhgaya blieb, wo Khunu Rinpoche lebte und lehrte, um den tibetischen Flüchtlingen im Exil zu helfen. Oft konnte sie damals in dem besonderen Raum bleiben, der sich im Inneren des großen Stupa, des heiligen Monuments von Bodhgaya, befindet. Das wäre heute nicht mehr möglich.

Später ging sie auf Rat von Khunu Rinpoche in die Berge des Hima-

lajas, in die Nähe von Manali, wo sie einige Monate blieb. Hier lernte sie zum ersten Mal das Einsiedlerleben kennen, und es gefiel ihr gut. Dann kehrte sie noch einmal nach Bodhgaya zurück, und diesmal riet ihr der Rinpoche, zur Einsiedelei über dem Lotus-See zu gehen. Sie folgte dem Rat und erhielt eine bescheidene Höhle von meinem Lehrer zugewiesen, der hier schon mit etwa 15 anderen Tibetern eine kleine Gemeinschaft aufgebaut hatte.
Endlich war sie am Ziel, denn hier fand sie das Leben, das sie immer gesucht hatte und das sie führen wollte. Das war vor 40 Jahren!
Zehn Jahre hatte ihre Suche in Indien gedauert, aber sie war ihrem Weg treu geblieben.
In der Einsiedelei werden große Kräfte aufgerufen und gelöst. Kräfte des Hasses, Kräfte der Verzweiflung und der Not werden hier in einzelnen Schicksalen für alle verwandelt. Die Katastrophe Tibets und das Elend der Flüchtlinge werden auf diese Weise zu spirituellem Wachstum transformiert, zu einer Heilung der Seele der Welt.
Jeder der Tibeter am Berg hat ein abenteuerliches Schicksal hinter sich, und alle versuchen, es in Mitgefühl und in heitere Gelassenheit zu verwandeln. Den meisten ist es gelungen, und dieser Schritt hat ihnen eine seelische Kraft und Ausstrahlung gegeben, die bemerkenswert ist.
In diesen Strom der Verwandlung bin auch ich eingetreten und habe das Schicksal meiner eigenen Kultur deutlich erkannt und durchlebt. Die Katastrophe der beiden Weltkriege und die spirituelle Not unserer materialistischen Zeit. Hier in diesem Feld der Verwandlung habe ich auch die seelischen Mittel zur Lösung kennen gelernt, einer Lösung, die die Seele befreit und beglückt zurücklässt, einer Lösung, die jedes äußere Schicksal mühelos überwindet.

Es regnet, und es wird ungemütlich. Aber die Verzweiflung und die Sorge, die dabei in meinem verwöhnten westlichen Geist aufsteigen, lassen sich bald in der Meditation verwandeln.
Schwieriger ist es schon mit unserem kollektiven Schatten, aber jeder Schritt zu seiner Lösung, die nur ganz allmählich vor sich gehen kann, führt zu einem tiefen Glück und einem Gefühl der Befreiung in der Seele, das jede sinnliche Freude weit in den Schatten stellt.

Wegen dieser Freude, die sich mit nichts vergleichen lässt, sind die Einsiedler wohl hier heroben und gehen ihren schweren Weg: einen schweren Weg, der leicht fällt, wenn er aus dem Herzen kommt und gelingt.

Es ist schwer für lebende Wesen,
die nicht heilig sind, eine Freude zu finden
wie die große Freude,
die Heilige Wesen aus der erhabenen Bodhicitta schöpfen.
(Khunu Rinpoche)

Was ist Erleuchtung?

Als ich meinen Lehrer in einem vertraulichen Gespräch einmal fragte: „Bist du erleuchtet?“, gab er mir zur Antwort: „Wozu?“
Offensichtlich ist das mit der Erleuchtung nicht so einfach. Sie entzieht sich unserem Verständnis und kann in Worten nicht ausgedrückt werden. Das ist keine einfache Ausrede, um sich vor einer ehrlichen Antwort zu drücken, sondern das liegt in der Natur der Sache.
Manche Menschen glauben, dass die Erleuchtung ein Zustand vollkommener Glückseligkeit ist, ein Zustand, in dem das Leiden völlig aufgehört hat und man mit klarer Sicht alle Dinge wirklich erkennt, wie sie sind. Dieser Zustand hält dann ewig an und verwandelt sich auch im Tod nicht.
Dieser Zustand ist überaus erstrebenswert, und man muss viele Jahre der Meditation einsetzen, manchmal sogar viele Lebenszeiten, um ihn zu erreichen. Aber wenn man ihn dann hat, dann ist alles in Ordnung. Dann betritt man das Paradies schon hier auf Erden und ist durch nichts mehr zu erschüttern. Man lächelt friedvoll, man hat unendliches Mitgefühl, und es gibt absolut nichts, das einen aus der Ruhe bringt.
Manche Menschen glauben, die Erleuchtung ist das buddhistische Paradies. Alles ist hier wundervoll und friedlich, man sitzt auf weißen Wolken, und die Meditationsgottheiten leuchten am Horizont.

Lichter in allen Farben und Regenbogen erscheinen und erzeugen ein spektakuläres Schauspiel, während wunderschöne Mantren und andere geistige Klänge den Raum erfüllen. Nichts stört hier die Harmonie und den Frieden und die kosmische Weite der himmlischen Farben. Licht-Meditation, höchste Glückseligkeit, Kundalinikraft und alle anderen schönen Dinge kommen hier zur Vollendung.

Eine eigenartige Vorstellung! Fast so eigenartig, wie der christliche Himmel, in den alle „guten" Menschen nach ihrem Tod kommen und wo sie ein unendlich freudvolles Leben führen, wo alles in Ordnung ist, wo alle nett zueinander sind, wo es keine Telefonrechnungen gibt und gut geschultes Personal mit weißen Flügeln die Wäsche erledigt.
Natürlich hat weder die buddhistische Erleuchtung noch das christliche Reich Gottes mit solchen Vorstellungen etwas zu tun. Das alles sind Fantasiebilder einer etwas übersteigerten menschlichen Existenz, eines ewigen Ferienclubs oder das Topangebot des esoterischen Supermarkts.

Wozu? Wenn die Erleuchtung in solchen Fantasien besteht, dann ist sie wirklich nutzlos.

Als der Buddha nach Erleuchtung gefragt wurde, gab er keine Antwort. Der Zustand des Erleuchteten ist für den gewöhnlichen menschlichen Verstand nicht nachvollziehbar.
Als Jesus von einem jungen Mann einmal mit den Worten „Guter Meister" angesprochen wurde, antwortete er ihm: „Warum nennst du mich gut? Niemand ist gut, außer Gott, dem Einen!" Das ist ein ähnlicher Hinweis darauf, dass sich die „höheren Wirklichkeiten" tatsächlich unserem Zugriff und unserem Verstand entziehen.
Das heißt aber nicht, dass man nicht in der rechten Weise doch etwas darüber sagen könnte.
Was kann nun diese rechte Weise sein?
Die Buddhisten sagen, dass es eine relative und eine absolute Wirklichkeit gibt. Die Erleuchtung gehört zur absoluten Wirklichkeit, unser Reden, Denken und Schreiben gehört zur relativen Wirklich-

keit. Man kann zwar das Absolute niemals vollständig in relativen Worten ausdrücken, aber man kann doch Hinweise geben, so wie der Finger, der auf den Mond zeigt, zwar nicht der Mond ist, aber doch den Blick in die richtige Richtung wendet.

Worte, Hinweise, Gleichnisse.
Am nächsten kommt man der Sache noch, wenn man über ganz einfache, menschliche Situationen spricht, die ähnlich wie eine Ikone ein Fenster öffnen: ein Fenster in die Wirklichkeit des Geistes, ein Finger, der zum Mond zeigt.

Ich sitze also bei meinem Lehrer, wir trinken zusammen Buttertee und essen Tsampa, und ich frage ihn im Vertrauen: „Bist du erleuchtet?", und er antwortete mir: „Wozu?"
Als der Zenmeister Dasui gefragt wurde: „Was ist der entscheidende Punkt?", antwortete er: „Denke nicht in die falsche Richtung!"
Das ist eine ganz ähnliche Antwort. Eine Antwort nämlich, die den Frager auf sich selbst zurück wendet und ihm den Weg zur Antwort weist, die schon immer in ihm selbst vorhanden war.

Erleuchtung ist nicht etwas außerhalb von uns, ein Zustand, den wir erwerben könnten, und sei es durch noch so viele Opfer und Übungen. Vielmehr ist die Erleuchtung der Urzustand unseres Wesens.
Der junge Mann in der Geschichte mit Jesus fragt weiter: „Was muss ich tun, um gerettet zu werden?", und Jesus antwortet ihm, was er natürlich schon längst weiß: „Du kennst doch die Gebote; töte nicht, stehle nicht ... Also halte sie!"
„Das habe ich von Jugend auf getan", antwortet der junge Mann, und jetzt wendet sich Jesus ihm liebevoll zu. Er sagt: „Wenn du vollkommen werden willst, dann verkaufe all deine Habe, gibt sie den Armen, und folge mir nach."
Jesus weist also dem jungen Mann den Weg zur Vollkommenheit, der über ganz einfache Dinge geht, die wir alle längst kennen. Aber dann heißt es im Evangelium, dass der Mann traurig wegging, denn er hatte ein großes Vermögen.

Das heißt, wir kennen den Weg, und wir kennen das Ziel, aber wir gehen nicht.
Wir fragen, wir wollen wissen, aber dieses Wissen ist etwas, das wir besitzen wollen, über das wir verfügen wollen.
Und hier entzieht sich die Wirklichkeit, es sei denn, wir sind bereit, all unseren Reichtum und damit auch all unsere Absicherungen aufzugeben, loszulassen.

Erleuchtung bedeutet das völlige Freiwerden von den Kerkermauern unserer begrenzten Vorstellungen, von den Machenschaften unseres begrenzten Egoismus.
Es bedeutet nicht das Hinzufügen einer neuen Information in die Bibliothek unseres Wissens.

Was ist Erleuchtung?

Es gibt nicht einfach „die Erleuchtung", hat mir mein Lehrer erklärt, sondern hier eröffnet sich eine neue Wirklichkeit.
Die leuchtende Natur des eigenen Gewahrseins, die aus der Offenheit des Urgrundes steigt und sich in allen Gestaltungen ausdrückt. Die Selbstbefreiung der Wirklichkeit.
Das Schreiben mit dem Finger im Wasser, die verknotete Schlange, die in die Luft geworfen wird. Noch ehe sie herab fällt, ist der Knoten verschwunden.
Das Haus ohne Dach: Vögel fliegen über das Haus, ungehindert kann man beobachten, wie sie ihre Spuren am Himmel ziehen.
Oder: der Dieb im leeren Haus. Er kann gehen, wohin er will, aber er findet nichts, was er stehlen könnte.
All das sind Bilder für den Zustand des erleuchteten Geistes, Gleichnisse und Bilder ohne den geringsten Anspruch auf Vollständigkeit oder Originalität.

Was ist Meditation?

Es muss nicht jeder Busfahrer die Integralrechnung beherrschen, damit wir in einer hoch technisierten Kultur leben können. Es ist aber notwendig, dass zumindest eine kleine Zahl von Menschen diese Mathematik beherrscht, sonst vertrocknet nach einiger Zeit das Wissen, und man baut nur noch die alten Maschinen, an die man sich erinnern kann. Neuere Forschungen, neue Entwicklungen und die Anpassung an die Erfordernisse der Zeit sind dann nicht mehr möglich. Ähnlich ist es mit der Meditation, mit dem tiefen Gebet und der Metaphysik. Zunächst scheint es, als würden sie keine große Rolle für das Bestehen einer Kultur spielen. Man kann sie durch Jahrzehnte, ja durch Jahrhunderte vernachlässigen, ohne dass etwas Sichtbares geschieht. Und trotzdem liegt gerade hier der Schlüsselpunkt der Entwicklung einer menschlichen Gemeinschaft. Das sind die Grundprinzipien, hier liegen die gestaltenden und die wesentlichen Kräfte.
Wenn es in einer bestimmten Kultur eine Gruppe von Menschen gibt, und sei sie auch nur klein, die das Wissen und das Können auf diesem Gebiet pflegt, dann kann sich diese Kultur innerlich lebendig erhalten. Sie kann fruchtbar werden und Neues hervorbringen, das wirklich bleibt. Sie kann sich vor geistigen Infektionen schützen und die seelische Gesundheit ihrer Mitglieder bewahren und fördern.
Sie kann zeigen, wohin sich die Kultur entwickeln kann und wozu sie letztlich da ist.

Werden die Meditation und das tiefe Gebet vernachlässigt, dann stirbt der Geist langsam und hinterlässt nur Strukturen, Organisationen und intellektuelles Wissen. Es bleiben die Gebäude, die Orden, die Rituale, aber der Geist, der lebendig macht, und der wirkungsvolle Segen gehen verloren.
Niemand weiß mehr, wie man ihn pflegt; niemand kann mehr direkt mit den Urkräften der Welt und des Universums in Verbindung treten, niemand kann mehr die Menschen warnen oder leiten.

Als Parsifal in Wagners gleichnamiger Oper nach langer Irrfahrt wieder in den Gralsbereich zurückkehrt, findet er dort eine solche Situation vor. Der Gralskönig weigert sich, den Heiligen Gral zu enthüllen, weil dieser Vorgang seine Wunde öffnet und das Blut fließen lässt. So geht der ganzen Gemeinschaft der Gralsritter die Gelegenheit zur Stärkung und zur Erneuerung verloren. Sie können nicht mehr ausziehen und rettend in das Geschehen eingreifen. Ja, sie selbst werden schwach und mutlos und ziehen sich zurück.
Das ist offenbar unsere Situation!
Wie könnte sonst in der einst blühenden christlichen Kultur des Abendlandes so eine geistige Verwirrung um sich greifen wie der Materialismus mit seinen hässlichen Zerrformen des Bolschewismus, des Nationalsozialismus oder des modernen Turbokapitalismus?
Warum offenbart sich Gott heute nicht mehr seinen Priestern und Ordensleuten, sondern wählt für seine Botschaften unschuldige Kinder aus, sei es in Lourdes, sei es in Medjugorje oder an vielen anderen Orten? Ist das nicht ein deutliches Zeichen, dass die alten Strukturen geist- und leblos geworden sind?
Bei den Tibetern ist das anders. Hier werden die großen Lehrer hoch geachtet, sie empfangen die Inspirationen aus dem geistigen Bereich und geben sie weiter. Das Feld der Übungen wird ständig durchgearbeitet und erneuert, immer wieder tauchen große Heilige im Zentrum des Geschehens und an der Spitze der Hierarchie auf.
Natürlich gibt es auch hier das Beharrungsvermögen, die Intrigen und die menschlichen Seiten großer Organisationen. Aber immer wieder setzt sich der geistige Impuls durch.
Das ist dem Vertrauen in die Kraft der meditativen Übung des Einzelnen zu verdanken.

•

Die Meditation eines Einzelnen, der individuelle spirituelle Weg, wird von unserer Kultur mit großem Misstrauen betrachtet. Und das mit gutem Recht, denn es gibt viele und verhängnisvolle Irrwege, denen vor allem der Einzelne ausgesetzt ist. In der Regel des heiligen Benedikt wird zum Beispiel ganz deutlich das lobenswerte Leben der Gemeinschaft dem verwerflichen Weg des einzelnen Suchers gegenübergestellt.

Nur in einzelnen Gestalten, wie bei den Wüstenvätern oder dem heiligen Antonius oder vielleicht auch beim heiligen Franziskus, wird dieser Weg toleriert. Geachtet wird er selten.
Am heiligen Berg Athos gibt es noch die verschiedenen Formen und Größenordnungen des geistigen Zusammenlebens. Es gibt große und reiche Klöster, es gibt mittlere und kleinere Gemeinschaften, und an der Südspitze gibt es auch noch einige Klausen für Eremiten. Aber man ist sehr vorsichtig damit, Menschen diesen Weg gehen zu lassen.
Anders ist es bei den Tibetern, obwohl der wirkliche „Einzelkämpfer" auch hier nur sehr selten vorkommt. Aber hier gibt es als Leitgestalten die heiligen Vagabunden wie Milarepa oder, in neuerer Zeit, Patrul Rinpoche, Doe Khyentse und viele andere. Diese Menschen sorgen für die Lebendigkeit in der geistigen Entwicklung, für das Heldentum in einem gefährlichen, aber notwendigen Gebiet, für ein kräftiges Gegengewicht zu den etablierten Ordnungen in den Klöstern, in der Adelshierarchie und in der Gemeinschaft.

Was also ist Meditation?

Meditation ist einer der faszinierendsten Aspekte der asiatischen Kultur und da wiederum besonders der indischen. Hier werden seit Jahrtausenden ein Wissen und ein Können gepflegt, das die Menschen veredelt und reift und zu den höchsten geistigen Leistungen befähigt. Aus Indien stammen die Mathematik und besonders die „Zahl" null; also das Ergebnis des Nachdenkens über das Nichts, über die Leerheit und damit auch über die Unendlichkeit. Dieses Wissen hat uns über die Araber erreicht, daher der Name „arabische Zahlen", aber letztlich stammt dieses Wissen aus der alten indischen Kultur.
Meditation ist eine uralte Kunst, die immer weiter entwickelt und immer weiter verfeinert wurde und eine Unzahl verschiedener Formen, Techniken und Systeme hervorgebracht hat. Trotzdem ist der Kern des Stromes sehr einfach, und immer wieder kehren die großen Lehrer zu dieser Einfachheit zurück. Es gibt also eine Vielzahl von Techniken, aber alle dienen letztlich dem einen Ziel.
Es ist wie mit einem schönen Kunstwerk. Eine große Zahl verschie-

dener Werkzeuge ist notwendig, damit die Arbeit gelingen kann. Aber alle diese Tätigkeiten ordnen sich dem geistigen Bild unter, das der Schöpfer, der Künstler vom vollendeten Werk hat und das schon im ersten Augenblick da ist.

Diese Kunst kann man nicht aus Büchern lernen, denn in den Büchern kann man nur die Techniken beschreiben, das, was der Verstand erfassen kann. Mit anderen Worten, in den Büchern und in den verschiedenen Meditationssystemen werden die Werkzeuge beschrieben und geschaffen, mit denen man den Geist formen kann. Die Intuition, die Gestalt des fertigen Kunstwerks, kann man in all diesen Büchern nicht finden. Man kann sie nicht in Seminaren lernen oder sich in Ausbildungen erkaufen.

Und trotzdem ist dieses „Ziel" von vornherein da und gegeben. Es ist immer schon im Wesen des Menschen angelegt. Es ist der göttliche Keim, der göttliche Funke im Menschen.

Jedes Lebewesen, sagen die Tibeter, trägt einen Erleuchtungsgeist in sich, schon von vornherein. Man muss ihn nicht erst hervorbringen, man braucht ihn nicht erst zu erzeugen, sondern er ist immer schon da. Diese Buddhanatur im eigenen Wesen gilt es zu entdecken und freizulegen.

Deshalb heißt auch eine der wichtigsten tibetischen Meditationstechniken „Die große Befreiung". Das ist die Lehre, die Guru Rinpoche nach Tibet gebracht hat und nach ihm viele andere große indische Meister wie zum Beispiel die Lehrer von Marpa und Milarepa: Das ist die Bedeutung von Dzogchen und Mahamudra.

Diese innere Buddhanatur, dieser göttliche Funke, braucht zu seiner Entwicklung aber ein liebevolles Umfeld, so wie ein kleines Kind die Fürsorge der Eltern braucht, um überleben und heranreifen zu können. Diese fürsorgliche Liebe erfährt der Mensch in seiner Beziehung zum geistigen Lehrer, zum spirituellen Freund. Das ist keine Verwandtschaftsbeziehung, aber es ist eine direkte Beziehung von Mensch zu Mensch, die sehr tief geht und aus deren Kraft sich alles andere entwickelt.

In der Liebe zum geistigen Lehrer erfährt der Mensch die Güte und die Kraft des eigenen Wesens, des eigenen Seins. Diese Liebe durchdringt das ganze Wesen und strahlt in alle Richtungen aus. Es ist die

Nächstenliebe, das Mitgefühl, oder wie die Tibeter sagen „Sangchub Sem“, der erleuchtete Geist.
Zunächst erscheint dieses Mitgefühl nur wie ein Lichtfunken am Horizont, aber er wird zum untrüglichen Wegweiser. So wie ein Schiff, das in stürmischer Nacht auf dem Meer treibt und die Orientierung verloren hat; und dann plötzlich sieht man einen schwachen Lichtschein und hält darauf zu. Je näher man kommt, desto deutlicher erkennt man den Leuchtturm, und schließlich fährt man in den sicheren Hafen ein.
So ähnlich ist es mit den Funken des Mitgefühls in unserem verwirrten alltäglichen Geist. Er ist das Zeichen und der Vorschein der Erleuchtung, als Ausdruck unseres eigenen erleuchteten Geistes.

Die tiefe menschliche und geistige Verbindung zum Lehrer und das Zeichen des Mitgefühls sind es also, die den Weg in der Meditation weisen und das Urbild sichtbar machen, das Bild, das dem Künstler bei seiner Arbeit vorschwebt.
Nun ist es aber so, dass dieses Urbild keine bestimmte Gestalt hat. Dieses Urbild ist offen und weit wie der Himmel, ungestaltete Potenzialität.
Im tibetischen Buddhismus nennt man diese offene Weite die „Leerheit“ oder den Dharmakaya.
Dharmakaya, Leerheit, das ist also der Ursprung unseres Wesens. Tritt er in die Erscheinung, dann äußert er sich als Liebe oder Mitgefühl, als Sambhogakaya. Schreitet die Gestaltung fort, dann erscheint sie in der Wirklichkeit zunächst als geistige Formation, die in der Meditation befreit wird, als Nirmanakaya.
Diese Meditation wird mit einem Gebirgsbach verglichen, der von Felsbecken zu Felsbecken rinnt und sich dabei immer weiter selbst reinigt. Das Wasser rinnt in ein erstes kleines Becken, es füllt das Becken mit klarem Wasser, es staut sich etwas auf, und dann rinnt es weiter, springt über ein paar Steine in das nächste Becken, das sich mit kristallklarem Wasser füllt, steigt an und fließt weiter. So reinigt sich der Geist von Stufe zu Stufe von allem, das ihn beengt und behindert; Anhaftungen, falsche Vorstellungen, persönliche Verletzungen usw. Es sind die Anhaftungen, der Teufelskreis von Gier, Hass

Der Sonnenaufgang an meinem morgendlichen Meditationsplatz im Wald. Ein kleines Stück weiter links erheben sich die Schneeriesen des Himalajas, die das Licht der Sonne zuerst empfangen.

Derselbe Ort bei vollem Tageslicht: Das Bild kann nur sehr ungenügend die erhabene Weite der Landschaft wiedergeben. Unten ein Blick über den Heiligen See zu zwei tibetischen Klöstern; An der Errichtung der höher gelegenen Anlage meines Lehrers habe ich selbst mitgearbeitet.

Der Blick vom Lotus-See hinauf zur Einsiedelei am Bergkamm. Im Vordergrund eine „Stupa", eine symbolische Darstellung der aufbauenden Kräfte des Universums.Darunter der Pilgerweg rund um den Heiligen See mit einer Gruppe tibetischer Mönche und Nonnen.

Der Sonnenuntergang gesehen vom Dach meiner Klause. Pinien wachsen am Kraterrand und geben dem Ort einen unverwechselbaren Reiz.

und Verblendung, aus denen alle anderen Laster geboren werden, die uns festhalten und unsere Sicht auf die Wirklichkeit und auf unser eigenes offenes Wesen verdecken.

Von den Schneebergen der reinen Intuition und der guten Taten fließt der Strom der Meditation bis in den Ozean der Erlösung aller fühlenden Wesen.
Immer, wenn ich meinen Lehrer aufsuche und ihn um Meditationsbelehrungen bitte, sagt er mir in etwa dasselbe, wenn auch in 1.000 verschiedenen Worten, Bildern und Handlungen. Man kann es nie ganz verstehen, nicht einmal annähernd, und am Anfang war ich immer eher verwirrt als „belehrt". Aber immer ging es darum, den unruhigen Geist zu beruhigen und seine festen Muster aufzuweichen und aufzulösen, damit ein Funke der Wahrheit eindringen kann.

Feuer

Ich hatte schon eine Weile über die Natur meines Geistes meditiert.
Wer führt, der Körper, die Sprache oder der Geist?
Was geschieht mit dem Geist, wenn der Körper stirbt?

Meine Praxis begann, ihre Früchte zu tragen und ihre eigene Dynamik zu entwickeln. Die störenden Gedanken verschwanden, und mein Geist wurde leuchtend klar. Jede Frage schien ihre natürliche Antwort zu finden, und sogar die Meditationshaltung, der volle Lotussitz, war nicht mehr so schwierig.

So dachte ich: Jetzt habe ich es gefunden!

Die Höhle der tibetischen Nonne Tashi Chödön, wo ich zu jener Zeit hauste, war nicht wirklich gut. Die Decke war extrem niedrig, zu niedrig zum Aufrechtstehen. Und auch das „Dach", das heißt der Fels, war so undicht, dass nach jedem Regen das Wasser die Wände heruntekam: wirklich sehr unfreundlich!

Aber bei der jetzigen Klarheit meines Geistes, dachte ich, würde mir das nichts mehr ausmachen.

Dann bekam ich Lust, Feuer zu machen.
Warum nicht?
So nahm ich einige Splitter von Dro Sching (Holz, das sehr leicht brennt) und eine Zündholzschachtel und wendete mich der Feuerstelle zu. Ich entzündete das Dro Sching und fügte einige kleine Holzspäne dazu.

Sofort füllte eine rote Flamme den Raum mit einem warmen Glanz, während das Holz seine typischen kleinen Geräusche machte. Im selben Augenblick durchströmte meinen Körper ein angenehmes Gefühl. Aber dann überwältigte mich eine Einsicht.

Weder war das Feuer dabei, den Raum mit Licht und Wärme zu füllen, noch war es dabei, ein Gefühl in meinen Körper zu erzeugen. Da gab es kein Brennen im „Außen"!
Das Feuer brannte, aber nur in mir. Es war mein Geist, der entflammt war und Wärme und angenehme Gefühle entwickelte.

In diesem Augenblick brach die ganze Meditation, die ich bisher aufgebaut hatte, das so genannte „klare Verstehen", in sich zusammen und verwandelte sich in ein gewaltiges Gelächter. In diesem Gelächter konnte ich die Stimme von Descartes hören, als ich das Räderwerk des rationalen Geistes zusammenbrechen sah.
Ich konnte Newton singen hören und die Atome und dabei dem ganzen Mechanismus unseres Weltbildes bei der Auflösung und Verwandlung zusehen.

Verwandlung in was?
In nichts Bestimmtes.

Einfach in die Dinge, wie sie sind
– nicht mehr und nicht weniger.

Leerheit

Mit der Wahrnehmung von Leerheit
kommt die Geburt von Mitgefühl.
Mit der Geburt von Mitgefühl
gibt es keine Unterscheidung mehr
zwischen Selbst und Anderen.
(Milarepa)

Methode und Weisheit, das sind die beiden Schwingen, die der Vogel braucht, um sich in die Luft zu erheben. Methode, das wirkungsvolle Mittel, das ist das Mitgefühl, Bodhicitta. Weisheit, das ist die Meditation über die Leerheit, die Einsicht in die Illusion des Ich, die Einsicht in das Relative der Erscheinungswelt.
Diese beiden Schwingen des Vogels ergänzen einander. Der eine Flügel kann nicht ohne den anderen sein, das eine braucht das andere, um zur Harmonie zu gelangen.
Aus der Meditation über die Leerheit wächst ein natürliches, ungekünsteltes Mitgefühl. Das Mitgefühl führt zu den richtigen Anschauungen in die Relativität unserer Wünsche und unseres Weltbildes, es führt in natürlicher Weise zur Selbstlosigkeit. Es sind die zwei Seiten ein und desselben Vorgangs: Methode und Weisheit, Bodhicitta und Leerheit.

Diesmal habe ich es mir viel leichter gemacht. Gewöhnlich ist der Ortswechsel von Kärnten nach Indien und hinauf zu den Höhlen im Himalaja eine große, spannende, abenteuerliche und anstrengende Reise.
Aber die moderne Technik hat unglaubliche Möglichkeiten, sich das Leben und das Reisen zu erleichtern. So fliege ich direkt von Kärnten nach Wien und dann gleich weiter nach Delhi. Hier verbringe ich einige Nachtstunden und steige dann gegen Morgen in eine kleine Maschine, die mich direkt in einen kleinen Ort im Himalaja bringen soll. Erst geht es über die große Ebene; die Sonne ist gerade aufgegangen, und dann kommen die ersten Ketten der Berge, Hügel zunächst, die aber rasch höher und höher werden. Man sieht Städte

und Siedlungen auf den Gipfeln, denn die Täler sind tief eingeschnittenen, schmal und steil. Man sieht wunderschöne Bergwälder und Wiesen, kahlen Fels und schroffes Gestein. Dann setzt das Flugzeug zur Landung an. Die Berge sind hier 4.000 bis 5.000 Meter hoch, und das Flugfeld liegt in einem Tal, etwas über 1.000 Metern. Das heißt, wenn wir keinen Sturzflug machen wollen, müssen wir zur Landung dem engen Tal folgen, und das verläuft nicht immer gerade. Bei Nebel oder schlechtem Wetter fällt der Flug oft aus, und es heißt, er ist nur ein wenig gefährlicher als die Busfahrt.

Heute haben wir Kaiserwetter, und alles geht gut. Wir landen, und kurze Zeit später atme ich die würzige Bergluft. Dann nehme ich einen Wagen, und wenige Stunden später, nach einer wunderschönen Fahrt durch die Berge, bin ich schon am Ziel; müde, aber glücklich. Ich gehe eine Runde um den Heiligen See, dann lasse ich mich erschöpft auf das Bett im Hotel fallen und schlafe einige Stunden.

In weniger als 24 Stunden von einer Welt in eine andere. Es ist wie ein Wunder.

Gegen Nachmittag werde ich wieder munter. Ich hatte vorgehabt, ausgiebig zu ruhen, aber etwas zieht mich weiter, hinauf auf den Berg. So nehme ich den Weg hinauf zu den Höhlen. Es ist mir so, als wäre ich gerade erst fortgefahren, und komme jetzt nach einem kurzen Ausflug wieder zurück. Oben angekommen, wandere ich die paar Schritte von der Straße zur Klause meines Lehrers und finde ihn in bester Laune im Freien.

Es ist später Nachmittag, das Wetter ist sehr angenehm, weder zu heiß noch zu kalt, und die Aussicht ist atemberaubend schön. Dazu die geistige Präsenz eines großen Lehrers und die Intensität und Fülle des Augenblicks, der Begegnung zweier Welten.

Er freut sich, mich zu sehen, und ich freue mich, ihn hier wieder zu treffen.

Wir sitzen eine Weile still zusammen und genießen den Augenblick, später fragt er mich, ob ich etwas trinken will, und lässt dann aus der Pilgerküche von einer der Nonnen eine Kanne frischen, heißen Buttertee bringen. Wir trinken etwas, und dann fasst er in seiner direkten und unkomplizierten Art die Belehrungen über die Leerheit zusammen.

Leerheit – es gibt kein erleuchtetes Wesen, das nicht über diese Meditation zur Erleuchtung gekommen wäre.
Es beginnt mit der Betrachtung der Natur des Geistes. Wie macht es der Geist, weit entfernte Objekte wahrzunehmen? Das Zimmer im Hotel unten beim See, mein Haus in Österreich. Dann, ob der Geist irgendeine Form oder Farbe hat, und wenn ja, welche? Ob der Geist irgendwie von außen in den Körper kommt, ob er irgendwo im Körper wohnt? Im Kopf, im Herz, in den Organen oder anderswo. Auch die Sinnesorgane gehören zu dieser Betrachtung. Ist der Geist etwa in den Augen, in den Ohren? – In dieser Betrachtung entsteht Leerheit: die offene Weite, der unbegrenzte Dharmakaya, darin das „Leuchten" des Gewahrseins; das Strahlen und die Transparenz von Chö Ku Rigpa, vom Gewahrsein des Dharmakaya.
Darin zu verweilen – das ist Meditation!
Und dann das Bild: wie die Wellen am Ozean. Das Wasser ist nicht verschieden von den Wellen, usw. – Ist das Gewahrsein da, löst sich alles in die Leerheit. Fehlt das Gewahrsein Rigpa, beginnt Samsara, und die Gesetze des Karma erfassen uns.
In der Meditation ziehen die Erscheinungen völlig unbehindert durch unseren Geist, so wie ein Vogel, den man aus einem Haus ohne Dach beobachtet, völlig ungehindert in das Blickfeld eintritt und es wieder verlässt.

Es geht noch weiter und weiter. Ich stelle Fragen, er antwortet, und in einem kurzen Gespräch eröffnet sich wieder die ganze Welt der Meditation.
Das ist der Geschmack und der Zugang zur Essenz der Leerheit. Gesprochen wird über die Meditation und die Philosophie. Den Raum dafür schafft das Mitgefühl, Bodhicitta, der erleuchtete Geist, oder einfach das Zusammensein mit einem liebevollen Menschen.
Das eine ist ein Ausdruck des anderen, und wahrscheinlich hätte es genügt, wenn wir einfach zusammen geschwiegen hätten.
Aber die Worte stören den Frieden nicht. Sie sind die Wellen am Ozean und können daher dem Wasser nicht schaden.

Bodhicitta

Mitgefühl – der Weg zum Anderen

Bodhicitta ist das beste Mittel, um nichtduale Weisheit zu erwerben,
der beste Bringer von Freude für alle lebenden Wesen,
die höchste unter den tugendhaften Haltungen des Geistes;
es ist die Zier des Universums.
(Khunu Rinpoche)

Gerade habe ich mich mit einem Gast über das Buch unterhalten, an dem ich schreibe, und ihm von dem Thema erzählt: von der geistigen Verbindung unserer Kultur und unseres Lebens mit dem tibetischen Buddhismus, anhand meiner Lebensgeschichte und meiner Begegnung mit einem großen tibetischen Meister bei den Höhlen.
Wir teilen dieses Interesse, und mein Gast ist auch an guter Literatur interessiert. So bitte ich ihn, mir zu helfen, einen guten Titel zu finden.
Am nächsten Tag hat er einen interessanten Vorschlag: „Der Weg zum Anderen". Vieles schwingt in diesem Titel mit, und er drückt etwas von der Bewegung aus, die in dem Buch dargestellt werden soll. Mein persönlicher Weg über die Grenzen und die Kulturen hinweg zum Anderen, zur anderen Kultur, zu den anderen Menschen. Und dann beinhaltet der Titel auch noch die direkte Aufforderung, zum Anderen, also zum Nächsten, zu gehen und einen Weg zu ihm und zu seinem Herzen zu finden.
Und damit sind wir beim zentralen Punkt des Themas, bei der Essenz der Meditation, beim Kern des geistigen Weges und im Herzen der Entwicklung des Menschen.
Der Weg zum Anderen, das ist Bodhicitta, meistens und sehr unvollkommen als „Mitgefühl" übersetzt.
Unter Mitgefühl verstehen wir meistens etwas Ähnliches wie Empathie, einen psychologischen Vorgang des Einfühlens in den Anderen, der auch übertrieben werden kann und dann zu höchst merkwürdigen Verhaltensweisen führt.

Dieses Wort ist viel zu schwach, um auszudrücken, was Bodhicitta ursprünglich bedeutet. Im Tibetischen ist es „Sangchub Sem", also wörtlich übersetzt: „der erleuchtete Geist". Dieser erleuchtete Geist steht im Zentrum des ganzen Weges. Aus ihm geht alles hervor, in ihn kehrt alles zurück. Mitgefühl, Nächstenliebe, Gottesliebe und die Öffnung des eigenen Wesens zur Verbindung mit der gesamten Wirklichkeit, das ist es, was in diesem Wort anklingt.

Der Buddhismus wirkt manchmal wie eine präzise Analyse der Gedankenvorgänge. Es scheint um einen klaren, unbehinderten reinen Geist zu gehen, der in der Meditation ganz still und ruhig wird. Viele westliche Menschen sind von diesem Aspekt beeindruckt, und streben ihn an. Aber für sich genommen bleibt er kalt und leblos, ein reines Kopfwissen, das die Seele erstickt.

Am nächsten Morgen schenkt mir mein Gast zum Abschied ein Buch von Khunu Rinpoche. Das Titelbild zeigt den Rinpoche im ersten Kloster am Heiligen See in Indien, einige Jahre vor meiner Ankunft. Er war einer der wichtigsten Lehrer meines Meisters und wurde von den Tibetern im Allgemeinen sehr hoch geschätzt. Auch der Dalai Lama bekam Meditationsbelehrungen von ihm, und kurz nach seiner Flucht aus Tibet bat er ihn, nach der Katastrophe beim geistigen Wiederaufbau zu helfen. Khunu Rinpoche war indischer Abstammung und lebte zu der Zeit in Varanasi (Benares). Er ging dann nach Bodhgaya und schuf dort ein wichtiges Integrationszentrum für die Tibeter im Exil.
Khunu Rinpoche war bekannt nicht nur als Dzogchen-Meister, sondern auch als Verkörperung des Mitgefühls, das er über alles schätzte. Als er in Kathmandu, wo er eine Weile lehrte, von westlichen Schülerinnen und Schülern gefragt wurde, ob er irgendetwas brauche, ob sie ihm irgendetwas geben könnten, antwortete er ihnen:
„Ich habe Bodhicitta, und damit habe ich mehr, als ich brauche."
Am nächsten Tag beschenkte er dann alle seine Schüler mit einer Rupie. Er selbst lebte sehr einfach, aber nicht, weil er Mangel litt oder weil ihm etwas fehlte, sondern weil es einfach seine Art war. So wollte er seinen Schülern zeigen, dass er tatsächlich Überfluss an

allem hatte, und gleichzeitig die etwas überhebliche Haltung des reichen Westlers ein wenig korrigieren.
Khunu Rinpoche war ein Fürst, ein Führer der Menschen, und Bodhicitta hatte ihn dazu gemacht. Und ein Fürst braucht keine Almosen, auch wenn sein Reich nicht von dieser Welt ist.
Ich schlug das Buch dieses Meisters irgendwo auf und fand die wunderschönen Verse:

Durch die Kraft der Bodhicitta eines Boddhisattva
beruhigt sich sogar der aufgewühlte Geist
eines wilden Tieres direkt vor dir;
die gegenseitige Animosität wird beiseitegeschoben,
und ihr werdet bald Freunde.

(Khunu Rinpoche)

Bodhicitta besänftigt sogar die wilden Raubtiere, sie geht über alle Animositäten hinweg, schafft Freundschaft und überwindet das gegenseitige Misstrauen.
Die wilden Raubtiere sind nicht nur im Wald oder am Berg zu finden, sie hausen auch in unserer Seele. Sie sind es, die wir vor allem am Weg zum anderen, zum „Freund" überwinden müssen, wenn wir sein Vertrauen gewinnen wollen.
Wir müssen dem anderen zu verstehen geben, dass er von uns nichts zu befürchten hat, besonders, dass wir ihn nicht ausnutzen und für unsere Zwecke missbrauchen wollen.
Das wirkliche Mitgefühl ist so stark, dass es sogar die wilden Tiere besänftigt und sie dem Menschen vertrauensvoll und friedlich nahen, selbst wenn sie vorher angriffslustig und wild waren.

Dazu erzählt man eine Geschichte von Milarepa.

Milarepa, der Hirsch und der Jäger

Milarepa lebte einmal allein in einem fruchtbaren und schönen Bergtal. Als er vor seiner Höhle in Meditation saß, sah er auf einmal einen verängstigten Hirsch auf die Wiese vor sich rennen. Voller Mitgefühl begann er ein Lied für das verfolgte Tier zu singen, das sich daraufhin rasch beruhigte und sich neben ihm niederließ.

Kurze Zeit darauf stürmte ein wilder, reißender Hund auf die Wiese, der offenbar das Wild verfolgt hatte. Sein Fell war gesträubt, er fletschte die Zähne, und der Speichel troff ihm vom Maul, während sein Wesen vor Wut und Jagdlust bebte.

Auch ihn betrachtete Milarepa mit Mitgefühl und sang ihm ein Lied, das das Tier bald beruhigte. Es setzte sich auf seine andere Seite und fügte sich in den Frieden des Orts.

Als nächstes kommt sicher ein Mensch, dachte Milarepa, und tatsächlich stürmte nach kurzer Zeit ein Jäger heran, der das Wild mit Pfeil und Bogen erlegen wollte.

Milarepa wollte ihn aufhalten, aber der Jäger wollte nichts davon wissen. Als er den Hirsch vor ihm schützte, legte der Jäger den Pfeil auf Milarepa an und schoss. Aber der Pfeil traf nicht.

Da begann der Jäger nachdenklich zu werden. Friedlich saß der Hirsch neben dem Yogi, auf der anderen Seite, ebenso friedlich, sein treuer Jagdhund; und Pfeil und Bogen, mit denen er noch selten sein Ziel verfehlt hatte, waren nicht im Stande, dem Menschen mit den freundlichen Augen zu schaden, dem er hier gegenüberstand.

Nun erst begann er auf das Lied Milarepas zu hören, das auch ihn voller Mitgefühl aus seiner Verblendung befreien sollte.

Er beruhigte sich, blieb aber misstrauisch, bis er die Höhle des Einsiedlers untersucht hatte und feststellte, dass dieser Mensch wirklich hier allein in der Wildnis nur auf seine geistige Kraft gestellt leben konnte.

Daraufhin verneigte er sich vor ihm und brachte ihm seine Waffen und seinen Jagdhund als Geschenke dar, während er selbst die Lehren des Mitgefühls und des Buddhismus annahm und zu einem wichtigen Schüler Milarepas wurde.

Zuerst wollte er noch zurückkehren, um seiner Familie und seinen Freunden seinen Sinneswandel mitzuteilen, aber Milarepa überzeugte ihn davon, dass es besser wäre, sofort mit der Praxis zu beginnen, was der Jäger schließlich auch tat.

Die Kraft des Mitgefühls ist es also, die selbst wilde Tiere beruhigt und auch im aufgeregten Geist eines Menschen Frieden und Zutrauen schafft.

Alle Wesen waren einmal unsere Eltern

Bodicitta kommt von dem Wissen,
dass alle als unsere Mütter gedient haben,
vom Erinnern und vom Zurückgeben
ihrer Freundlichkeit,
von Liebe, von Mitgefühl und von der alles
übersteigenden Intention;
es ist die Quelle von Glück und Nutzen
für einen selbst und andere.
(Khunu Rinpoche)

Die Tibeter sagen, dass alle fühlenden Wesen irgendwann einmal unsere liebenden Eltern waren, unsere Mütter, die uns zur Welt gebracht und mit großer Liebe geschützt und großgezogen haben. Diese große Güte zu erwidern ist nicht schwer, wenn die Wahrnehmung für diese Zusammenhänge unseren Geist erfüllt.
Alle Wesen waren uns einmal Vater oder Mutter.
Etwas moderner ausgedrückt: Unzählige Generationen von Lebewesen haben in der Evolution das hervorgebracht, was wir jetzt vorfinden. Unser eigener Körper ist das Ergebnis einer fast unendlichen Reihe von Entstehen und Vergehen, von Geburt und Tod, und diese Herkunft teilen wir mit allen anderen Wesen auf diesem Planeten und wahrscheinlich im ganzen Universum.
Diese Gedanken sind auch unserer Kultur nicht fremd. Im Evangelium sagt Jesus einmal: „Was du dem kleinsten meiner Brüder getan hast, hast du mir getan!“ Das heißt, im geringsten meiner Brüder und Schwestern finde ich Jesus, weil er über alle egoistischen Trennungen hinausgegangen ist. Der mystische Leib Christi ist ein Ausdruck dieser Wahrnehmung, die am Anfang, in der Mitte und am Ende des spirituellen Weges steht.

Die Angst ist es, die uns hindert, diese einfache Wahrheit anzunehmen und zu leben. Wir haben Angst, unser Ich und unsere Selbstständigkeit zu verlieren. Wir haben Angst, von anderen missbraucht zu werden. Wir haben Angst, uns zu öffnen oder die Kontrolle zu verlieren. Und diese Angst hindert uns am Mitgefühl und an der Befreiung.
Aber der, der Mitgefühl zeigt, ist der Erste, der dabei gewinnt. Die Befreiung von der Angst ist zugleich die Befreiung von den Kerkermauern unseres begrenzten Selbstbildes. Die 100-blättrige Lotusblüte in unserem Wesen beginnt zu blühen, und wie Bienen kommen die anderen Wesen herbei, um sich am Nektar zu laben. Das ist die Frucht der Öffnung von Bodhicitta.

Die 100-blättrige Lotusblüte

Wenn die 100-blättrige Lotusblüte
des Bodhicitta blüht,
sammeln sich die Bienen von selbst,
selbst wenn niemand sie ruft,
denn ihr Geist ist darauf aus, Honig zu sammeln.
(Khunu Rinpoche)

Immer, wenn mein Lehrer Gäste empfängt, ist es faszinierend zuzusehen, wie er mit ihnen umgeht.
Sie werden bewirtet, ein paar belanglose Sätze werden gewechselt, und dann bemerkt man, wie er sich nacheinander jedem Einzelnen zuwendet und in kurzer Zeit sein Wesen in Ordnung bringt, ohne dass der Mensch etwas davon bemerkt. Manchmal spricht er ein paar Worte mit dem jeweiligen Gast, aber meistens geschieht es scheinbar ganz nebenbei.
Die Wirkung dieser „Behandlung" ist beeindruckend. Ich habe es bei mir selbst oft erlebt, und auch meine Frau kennt es. Auch andere Menschen erzählen davon in ähnlicher Weise. Das Herz wird gelöst, die Ängste und Verkrampfungen schwinden, und das, was vorher schwierig oder unmöglich erschienen ist, wird auf einmal leicht, natürlich und selbstverständlich.

Das ist die Wirkung des Mitgefühls, die Wirkung von Bodhicitta, wenn der Geist der kleinen Biene in den Strahlungsbereich einer blühenden Lotusblume gerät, von der sie wie magisch angezogen und mit Nektar genährt wird.
Die Wirkung von Bodhicitta auf einen selbst und auf andere ist wirklich wunderbar.

Die drei Arten

Basierend auf verschiedenen Mengen geistiger Kraft,
gibt es drei Arten von Bodhicitta:
wie ein König, wie ein Fährmann, und wie ein Schäfer.
Man kennt sie als schwach, mittel und hervorragend –
je nachdem.
(Khunu Rinpoche)

Immer wieder bin ich zu Besuch bei meinem Lehrer. Seit vielen Jahrzehnten schon. Wir kennen uns sehr gut, haben viel miteinander erlebt, viel miteinander gesprochen. Und trotzdem gibt es bei jeder Begegnung ein neues Thema, eine neue Geschichte, ein neues Lied oder eine neue Erzählung aus dem tibetischen Lebenskreis.
Diesmal erzählt er mir von den verschiedenen Arten des Mitgefühls, von den verschiedenen Stufen und Entfaltungsmöglichkeiten dieses Herzensweges.
Es gibt das kleine, das mittlere und das große Mitgefühl.

Das kleine Mitgefühl ist das Mitgefühl des Königs. Der König hat gute Absichten. Er möchte seinen Untertanen ein weiser und würdiger Herrscher sein. Daher setzt er sich ein zu lernen, seinen Charakter zu reifen, um schließlich seine Macht in Anspruch zu nehmen, um dann seinen Untertanen zu helfen.
Damit ist der Mensch gemeint, der an sich selbst arbeitet, vorausgeht und schließlich das Mitgefühl, das er entwickelt hat, auf die anderen anwendet.

Die mittlere Stufe des Mitgefühls ist das Mitgefühl des Fährmanns. Der Fährmann bringt die Menschen über den Fluss. Aber dabei sind

sie alle auf demselben Schiff, und der Fährmann kommt gemeinsam mit ihnen am anderen Ufer an.
Damit ist der Mensch gemeint, der in seinem Mitgefühl zusammen mit allen anderen den Weg zur Erleuchtung geht.

Die dritte und höchste Form von Bodhicitta ist der Weg des Hirten. Der Hirte sorgt sich um seine Herde. Er beschützt die verlorenen Schafe, manchmal trägt er sie auf den Schultern. Er treibt die Herde vor sich her und bereitet ihr den Weg. Er selbst kommt als Letzter ans Ziel.
Damit ist der Mensch gezeigt, der Boddhisattva, der sein Leben dafür einsetzt, alle anderen zu befreien und zum Ziel ihres Lebens zu bringen, während er selbst als Letzter seinen Weg geht.
Wer denkt bei diesem Bild nicht an den guten Hirten, von dem Jesus spricht, von dem Hirten, der sein Leben hingibt für die Schafe, um sie vor den Folgen ihrer eigenen Taten zu beschützen?
Dieses große Mitgefühl bringt den Menschen paradoxerweise als erstes ans Ziel.

Wenn wir von großen Wundern hören, von der Auferstehung, vom leeren Grab, vom Regenbogenkörper, dann meinen wir, das wäre das Ziel des geistigen Weges. Aber das stimmt nicht. Entscheidend ist die Tiefe der Liebe, Bodhicitta.
Was bedeutet das für unser Leben? Was gehen uns die mystischen Tiefen dieser unerreichbaren Liebe an?
Das mag etwas für Heilige sein, die in Felshöhlen leben und sich dann in Licht auflösen, aber nichts für uns in unseren alltäglichen Nöten und Verpflichtungen, mit schreienden Kindern und Staus auf den Autobahnen, mit Hausarbeit und missmutigen Kollegen.
Was geht uns das alles an?

Christentum und Buddhismus

Zur Einleitung

Das ist das Buch eines Pioniers. Ich habe mit dem Thema gerungen wie Jakob mit dem Engel, und wie Jakob lasse ich ihn nicht, bis er mich segnet.

Die Verbindung ist schwer und gefährlich. Aber es liegt auch eine große Kraft und ein großer Segen darin, wenn sie gelingt. Immer wieder bin ich den Widerständen begegnet, den äußeren und den inneren Kämpfen, den alten und den neuen Geschichten, die mit dem Thema zu tun haben. Zwei gewaltige geistige Ströme kommen hier in Berührung, und was dabei geschieht, entzieht sich der menschlichen Willkür. Hier sind ganz andere Kräfte am Werk, fördernde und hinderliche.

Ich war oft versucht, dem Konflikt auszuweichen und auf die eine oder die andere Seite zu gehen: auf die Seite des Christentums oder auf die Seite des Buddhismus. Beides hätte wahrscheinlich mein Leben viel leichter gemacht, aber aus einem mir unbekannten Grund bin ich beim schwierigen Weg der Verbindung geblieben. Vielleicht, weil ich nur hier das Gefühl hatte, am Puls der Zeit zu sein und das Richtige zu tun.

Einmal hat mir ein tibetischer Rinpoche vorgeschlagen, ein Zentrum für ihn in Österreich aufzubauen. Ich sagte, das wollte ich schon tun, aber nur, wenn in diesem Zentrum auch die Verbindung zum Christentum gepflegt wird. Darauf wollte der Tibeter nicht eingehen, und so wurde nichts daraus. Oft war ich auch versucht, mich in Österreich zu integrieren und nur den christlichen Weg zu gehen und zu lehren. Das hätte mir viele Mühen und Schwierigkeiten erspart, aber ich wollte und ich durfte den Geist der Meditation und die erhabene Weite des Buddhismus nicht lassen, und so war in der Institution der Kirche kein Platz für mich.

Ich war meinem Weg der Verbindung treu geblieben und hatte ihn im kleinsten Kreis Jahr für Jahr fortgesetzt und vertieft.

Meine Seele ist christlich geprägt. Ich bin getauft, und auf dieser Basis baut meine Spiritualität auf, ob ich will oder nicht. Zu dieser Einsicht bin ich gekommen in den Jahren in der Höhle und in den vielen Jahren und Jahrzehnten danach. Die Verbindung der Religionen ist mir kein theoretisches Anliegen, kein intellektuelles Programm und auch keine verordnete Pflichtübung, sondern eine seelische Notwendigkeit. Ich habe die Kraft des Christentums erfahren, und ich habe die Kraft des Buddhismus erfahren, und beide wirken in mir. Ich weiß, dass sie zusammengehören und sich gegenseitig ergänzen und auch, dass zwischen ihnen ein gewaltiger Spannungsbogen vibriert, der für die Entwicklung unserer Welt von großer Bedeutung ist. Hier wirkt der Hauptimpuls der spirituellen Evolution der Menschheit, hier wird die Zukunft gestaltet.

Ich hoffe, dass all das nicht zu pathetisch klingt, aber das sind nun einmal die Gedanken, die mich im Augenblick erfüllen. Ich sitze nämlich nach dem Sonnenaufgang bei einer guten Tasse Kaffee und einem Stück Brot auf dem Felsen vor meiner Höhle und schaue hinunter auf die Nebel im Tal und auf die wehenden Gebetsfahnen im Einsiedlerbereich unter mir. Die Sonne wird allmählich wärmer, über mir kreisen majestätisch einige Geier, und die Pinien neigen sich im Wind. Gestern habe ich das Kapitel „Christentum und Buddhismus" im Buch – so weit es eben fertig war – durchgelesen. Da können derartige Gedanken schon kommen.
Übrigens, ich muss mich korrigieren, es sind Adler und nicht Geier, denn gerade ist einer der großen Vögel zu mir heruntergekommen und ich konnte ihn deutlich sehen.

Die Sonne hat viele Strahlen

Wie ich mir Bücher schicken ließ

Es war ganz am Anfang, und ich war gerade ein halbes Jahr bei den Höhlen. Ich hatte mich schon ganz gut eingelebt und an die neue Situation gewöhnt. Das Weihnachtsfest kam heran, und so schickte ich einen Brief nach Hause, in dem ich um zwei Bücher bat: die Bibel

und Grimms Märchen. Ich hatte nämlich schon sehr lange Zeit kein deutsches Wort mehr gesprochen oder gehört, und meine Kultur begann mir allmählich zu fehlen.
Die Bücher kamen an, und am Weihnachtstag gönnte ich mir die Freude, etwas in meiner Muttersprache zu lesen. Ich schlug das Märchenbuch auf und las da:

„In den alten Zeiten, wo das Wünschen noch geholfen hat,
lebte ein König, dessen Töchter waren alle schön.
Die Jüngste aber war so schön, dass die Sonne selber,
die doch vieles gesehen hat, sich verwunderte,
sooft sie ihr ins Gesicht schien."

Ich genoss jedes Wort und die Stimmung, die diese Geschichte hier in die fremde Welt zauberte.
Ähnlich ging es mir später mit der Bibel, die ein eigenes Licht und den Klang einer ganz anderen Welt hier im Himalaja und mitten unter den Tibetern entstehen ließ.
Ich las das Lukas-Evangelium in einem Schwung durch, und bei der Leidensgeschichte und der Kreuzigung war ich so tief ergriffen und erschüttert, dass mir die Tränen kamen.
Ich hatte früher Theologie studiert, aber erst hier, in der Einsamkeit der Berge und in der Begegnung mit einer ganz anderen Geistigkeit, begann mir der Sinn der Bibel neu aufzugehen. Ich erkannte vieles wieder, aber es wurde hier plastischer und lebendiger, so wie unsere beiden Augen leicht verschiedene Bilder sehen und dadurch erst Tiefe in ein Bild bringen.
Ich sprach später mit meinem Lehrer darüber, und er sagte: „Mit den verschiedenen Religionen ist es so wie mit den Strahlen der Sonne. Es ist eine Sonne, eine Quelle des Lichts, die sich in vielen verschiedenen Strahlen ausdrückt. Die Strahlen sind deutlich unterscheidbar, der eine ist hier, der andere ist dort. Aber trotzdem sind all diese Strahlen der Ausdruck des einen Lichts. So ist es auch mit den verschiedenen Religionen in der Menschheit."

Mein Lehrer hat niemals versucht, mich zum Buddhismus zu bekehren. Er hat mir immer geholfen, an dem Punkt weiterzukommen, an dem ich gerade war. Und meine Seele ist abendländisch-christlich geprägt. So habe ich auch niemals versucht, ein Tibeter zu werden, und vielleicht ist es gerade das, was unsere Begegnung immer so fruchtbar gemacht hat.

Der Lautsprecher

Oder: Worauf es ankommt

Die Verbindung der Religionen ist eine schwierige Sache. Die großen Lehrer warnen davor, die Wege miteinander zu vermischen, und damit haben sie sicher Recht. Es nützt nichts und es ist sogar gefährlich, verschiedene religiöse Übungen durcheinander zu bringen. Man darf die Verbindung nur dort vornehmen, wo es keine andere Wahl gibt, und muss auch dann mit größter Sorgfalt vorgehen.

Eine gute Bekannte hatte mich bei den Höhlen angerufen und sich noch einmal für eine Bemerkung bedankt, die ich früher gemacht hatte. Ihr Lehrer, ein tibetischer Meister, hatte sie davor gewarnt, die Religionen zu vermischen, aber sie war in Deutschland geboren und aufgewachsen. Wenn sie wieder nach Hause kam, sollte sie da die schönen christlichen Kirchen und die Marienplätze aufsuchen oder sie meiden? In diesen Zwiespalt war sie geraten, und ich hatte damals gesagt: Die Trennung der Wege ist richtig und gut, um einfache Menschen nicht zu verwirren, daher müssen die großen Lehrer in dieser Weise reden. Auf der anderen Seite ist es klar, dass man mit den Kräften des Bodens und des Ortes, an dem man lebt, Verbindung aufnimmt und dabei die Formen wählt, die hier üblich sind. Die Kirchenglocken in einem Bergtal der Alpen und die malerischen Prozessionen, wer kann sich etwas Schöneres vorstellen?
Diese Antwort hatte sie damals sehr entlastet, und sie wollte sich noch einmal dafür bedanken.

Jetzt war es Abend geworden, und ich wollte meinem Lehrer dazu eine Frage stellen. Früher hatte er, wie erzählt, gesagt, die verschie-

denen Religionen seien wie die Strahlen der einen Sonne, verschieden, aber doch aus derselben Quelle.
Aber, was würde er heute sagen?
Wir saßen heraußen auf der Terrasse im Licht der untergehenden Sonne. In unser Schweigen mischte sich der Klang des Lautsprechers vom Gipfel des Berges. Laute Musik und religiöser Gesang waren zu hören, Hymnen und Gesänge der hinduistischen Gottheiten, die hier verehrt werden. Ein wenig war die Konkurrenz zwischen dem indischen und dem tibetischen Geist spürbar.
Ich nützte die Gelegenheit, um von dem Konflikt zu erzählen, in den meine Bekannte geraten war. Manche tibetische Lehrer verbieten ja ihren Mönchen und Schülern ausdrücklich, christliche Kirchen zu betreten, und bei den Christen und manchen ihrer Aussagen über den Buddhismus ist es nicht viel anders: Konkurrenz und Eifersucht prägen das Bild.
„Ich weiß nicht", war die erste Antwort meines Lehrers.
Dann, nach einer Weile, meinte er, dass es sicher falsch sei, andere Religionen zu kritisieren oder zu verurteilen.
„Die einfachen religiösen Wege führen zu einem guten Karma, zu einer besseren Wiedergeburt. Aber das, worauf es wirklich ankommt, das, was wirklich zählt, ist die Meditation, die Meditation über die Leerheit. Daraus entstehen Mitgefühl und Freude und der Wunsch, allen Wesen zu helfen. Aus diesem Wunsch entsteht ein wirkliches Helfen, eine wirkliche Gabe an die Welt. Und die größte Gabe ist das Opfer des eigenen Körpers ..."

So fasst ein tibetischer Buddhist seinen tiefsten Glauben zusammen. Welcher wirkliche Christ könnte dem nicht aus vollem Herzen zustimmen, besonders, wenn man in der Meditation über die Leerheit die schweigende Kontemplation der göttlichen Liebe erkennt?
Es liegt in diesen Worten, gesprochen aus dem Augenblick, aus der Situation und mit der Stimme des Herzens, sogar eine tiefsinnige Verständnishilfe für das wichtigste christliche Sakrament, für die Feier der Eucharistie in der Heiligen Messe. Es ist die Erinnerung an das Letzte Abendmahl, an die Gemeinschaft, die aus der Hingabe Jesu für seine Freunde entsteht.

Im Kern sprechen die Wege vom selben Geheimnis, vom natürlichen Wunsch, anderen zu helfen, andere zu lieben. Dieser Wunsch geht bis zum Selbstopfer und verwandelt damit die Welt im Innersten. Dieser Wunsch verurteilt nicht und kämpft nicht, er zeigt keine Eifersucht, und er ist die Verbindung aller religiösen Wege.
Es ist die Sicht von Nathan dem Weisen, der in der Ringparabel sagt, dass es um die Wirkung geht und nicht um den bloßen Namen.

Das ist es, worauf es ankommt.

Mitgefühl

Das Reine Land und das Reich Gottes

Der Eisenhaken des Mitgefühls

Immer wenn ich bei meinem Lehrer zu Gast bin, entwickelt sich nach einiger Zeit ein Gespräch, und ein Thema kommt auf, das keiner von uns geplant hat. Es ereignet sich ganz natürlich, ganz selbstverständlich, und manchmal staune ich, aus welcher Tiefe mein Gegenüber seine Worte und Gedanken schöpft. Mühelos zitiert er aus den Schriften, kennt er die Lieder und Gesänge und verbindet dieses Wissen mit einer selbstverständlichen Sicherheit, die nur aus eigener Anschauung kommen kann.

So auch diesmal. Wir sprechen über das „Reine Land" des Buddha Amitabha, das die Tibeter auch „Dewachen", Land der Glückseligkeit oder der großen Freude, nennen. Statt zu erklären, singt er ein wunderschönes Lied für mich, das die Schönheiten dieses Landes und die Sehnsucht der menschlichen Seele dorthin zum Ausdruck bringt. Im Kehrreim schwingt die ganze Stimmung dieses Landes mit, für einen Augenblick entsteht sie hier unter uns Menschen und in diesem Raum. Musik und Gesang haben eine unglaubliche Kraft, geistige Dinge für uns entstehen zu lassen.

Es ist wie das Halleluja in Händels *Messias,* das die Engelschöre des Himmels auf der Erde erklingen lässt und eine Brücke hinüber baut. Das ist das Wunder der Musik und auch der menschlichen Stimme.

Nach dem Lied erzählt mir mein Lehrer von Buddha Amithaba, einem der vier Großen, einem der Thronträger Gottes, würden wir sagen. Seine besondere Eigenschaft ist die selbstlose Liebe. In dieser Liebe hat er so große Verdienste geschaffen, dass alle fühlenden Wesen daran teilhaben können, und ein einfaches Gebet und der Glaube an ihn genügen, um am Ende des Lebens in das Reine Land

zu gelangen. Das Gebet besteht hauptsächlich in der Anrufung des Namens von Amithaba.
Wer denkt hier nicht an das Herzensgebet der Ostkirche, die in der Anrufung des Namens Jesu und in der Erwartung des Reichs Gottes einen ganz ähnlichen Weg geht?
Der Eisenhaken des Mitgefühls ergreift den Menschen und zieht ihn aus dem gefährlichen Kreislauf der Wiedergeburten, des Lebens in Verblendung. Die Gebete, das Vertrauen und die guten Werke des Menschen bilden die Öse, damit der Haken einen Anhaltspunkt hat.

Dieser Weg der Erlösung ist ein sehr einfacher und sicherer Weg, und so frage ich meinen Lehrer, warum man dann überhaupt noch die Mühe auf sich nimmt, viele Jahre zu meditieren. Er meint: Nun, wenn man meditiert, dann kann man im Tod das Reine Land oder das Buddha-Feld aussuchen, in das man gehen will. Es gibt nämlich mehrere, in allen Himmelsrichtungen.
Diese Antwort ist für mich nicht ganz nachzuvollziehen, also lasse ich sie stehen.
Dafür wandert mein Geist zu den Inhalten der christlichen Lehre. Wie, wenn die Erlösungstat Christi kein isoliert-einmaliges Ereignis wäre, sondern der lebendige, menschliche und vollendete Ausdruck einer Möglichkeit, die Eröffnung eines Potentials des Kosmos, eine Einladung?
Im Anfang, in der christlichen Urkirche, gab es ja viele verschiedene Deutungen. In den ersten Jahrhunderten, als sich die spätere Lehre herauskristallisierte, gab es noch die starke Gruppe der Arianer, die mehr durch historische Zufälle als durch spirituelle Notwendigkeit von der Bühne verschwand. Viel vom alten römischen Kaiserkult und von politischen Machenschaften steckt in manchen zum Dogma erhobenen Ansichten über Jesus.
Wer weiß, ob der Islam überhaupt in dieser Form entstanden wäre, wenn das Christentum, wie es Muhamed Ibn ‘Abd Allâh begegnet ist, die göttlich-einmalige Rolle Jesu nicht so einseitig in den Vordergrund gestellt hätte. Die ganze Geistesgeschichte des Abendlandes und die Verbindung mit den asiatischen Religionen wären vielleicht anders verlaufen.

Das Reine Land im Westen, eingerichtet vom Buddha der selbstlosen Liebe und des Mitgefühls, in das man kommen kann, wenn man glaubt, den Namen anruft und gute Werke tut: Es ist kein weiter Weg von hier bis zum christlichen Verständnis der Erlösung, wenn man die Einzigartigkeit Jesu nicht deformiert durch das Selbstbewusstsein einer Stammesreligion oder später eines antiken Kaiserkults wahrnimmt.

Dann kann man auch das Letzte Abendmahl besser verstehen.
Die Widmung der Verdienste, die durch eine religiöse Übung oder durch ein großzügiges Opfer entstehen, ist nämlich eine wichtige und selbstverständliche Sache im Buddhismus.
Vielleicht sind die Wandlungsworte, die bis heute in jeder Messe wiederholt werden, ähnlich zu verstehen.
Es ist dann kein Ereignis, das ein für alle Mal abgeschlossen ist und nur jeweils erinnert wird, sondern die aktive Teilnahme am Erlösungswerk, das vor 2000 Jahren in Jerusalem sichtbare Gestalt und Form angenommen hat und seither in der Anwesenheit und Welt des Auferstandenen immer weiter wächst und sich entfaltet.

Das größtmögliche Opfer, das ein Mensch bringen kann, das unschuldige Leid und sogar der eigene Körper werden in diesen Worten gewidmet, um den Anwesenden und auch allen anderen, die später an diesem Mahl teilnehmen, den Weg ins Reine Land zu öffnen.
Mysterium Fidei, Geheimnis des Glaubens.

Mein Lehrer erzählt weiter vom Reinen Land, vom Paradies. Man wird hier im Inneren einer Lotusblüte geboren. Wenn man im Leben gezweifelt hat, dann bleibt die Blüte 500 Jahre lang geschlossen, und man hört nur, was hier vorgeht. Überall wird Buddhas Lehre, der Dharma, gelehrt, und jeder kann ohne Mühe und unter besten Voraussetzungen die Erleuchtung finden.
Überhaupt spielt der Buddha Amithaba eine wichtige Rolle im tibetischen Buddhismus. Der Dalai Lama gilt als eine der Verkörperungen von Chenresig. Und Chenresig geht aus einem der Arme Amithabas hervor. Aus dem anderen Arm entsteht Tara, und aus dem Herzen kommt Guru Rinpoche.

Der Wunscherfüllende Baum

Die Übung für hervorragende vollkommene Bodhicitta
ist die Meditation über die Leerheit.
(Khunu Rinpoche)

Diesmal bin ich noch am Anfang meiner Reise und wohne herunten, beim Heiligen See, bevor ich mich ganz in meiner Höhle einrichte. Heute Vormittag war ich bei der großen Statue von Guru Rinpoche, um ein paar Fotos zu machen. Den Khenpo, der hier die Bauleitung hat, habe ich nicht getroffen. Er ist heute im Kloster und leitet eine Zeremonie für einen jungen Tibeter, der sehr überraschend gestorben ist. Der Verstorbene war Lehrer in der tibetischen Schule, und sein Tod kam so plötzlich, dass er zum Tagesgespräch im ganzen Ort wurde. Ein Anlass, um über die Vergänglichkeit und den Wert jedes Augenblicks im Leben zu meditieren und natürlich auch, um Mitgefühl mit ihm und seiner jungen Frau zu zeigen.

Nach dem Mittagessen nehme ich mir einen Wagen und lasse mich über die abenteuerliche Straße, vorbei an Pinienwäldern, Abgründen und herrlichen Ausblicken, vorbei am Bergdorf mit seinen hübschen Seen und Feldern, einfach zu den Höhlen fahren. Früher ging das nicht so bequem, da gab es nur einen Fußweg, einen steilen Bergpfad hier herauf, aber die moderne Zeit hat Einiges verändert. Es gibt jetzt manchmal fließendes Wasser, meistens elektrischen Strom, mehrere Handymasten und, wie gesagt, auch eine Straße mit einem regelmäßigen Busverkehr. *Modern times!*

So komme ich also sehr bequem herauf und spaziere die wenigen Schritte durch den Einsiedlerbereich mit seinen Gebetsfahnen und seinen in den Felsen gehauenen Mantras und Bildern bis zur Hütte meines Lehrers.

Er begrüßt mich freundlich, wie immer, und dann lässt er eine Schale Tsampa und eine Kanne frischen Buttertee aus der Pilgerküche bringen. Wir unterhalten uns über dies und das, über den Todesfall im Ort und über die Zeremonien, die dabei üblich sind.

Nach einer Weile fragt er mich, ob ich diesmal eine besondere Frage habe.

Ja, diesmal habe ich eine. In den Schriften wird immer wieder erwähnt, dass die Meditation zwei Seiten hat: Leerheit und Bodhicitta. Über die Leerheit und ihre Praxis haben wir in den letzten Tagen viel gesprochen, aber heute möchte ich wissen, was er zu Bodhicitta, zum Erleuchtungsgeist sagt.

Die Antwort, die ich bekomme, ist wie immer sehr vollständig und sehr tief. Es gibt zwei Arten des Mitgefühls. Die erste Art ist, wie erzählt, die „gewöhnliche“ Bodhicitta mit ihren drei Stufen: klein, mittel und groß. Klein nennt man die Herzenskraft des Königs, mittel die des Fährmanns und groß den Erleuchtungsgeist des Schäfers mit 1.000 Schafen, der allen hilft und als letzter in die Erlösung geht. Das ist das Ideal des Bodhisattva, und mit dieser Motivation sollte man jede Meditation beginnen.

Dann gibt es die zweite Art von Bodhicitta, die „vollkommene Art“, die aus der Meditation über die Leerheit kommt. Das Leuchten im Dharmakaya ist nichts anderes als grenzenloses Mitgefühl: großer Segen und große Wirkung kommen aus dieser Herzenskraft, ohne Absicht und ohne Njam, das heißt, ohne das ständige Geschwätz unseres Geistes. Die Buddhanatur ist eins mit allen Wesen und empfindet und fühlt natürlicherweise mit ihnen allen.

Dann beginnt mein Lehrer zu erzählen. Er war vor kurzem für eine Vortragsreise in den USA, und dort kam ein Mann zu ihm, der viel in den buddhistischen Schriften studiert und einige Fragen aufgeschrieben hatte. Eine der Fragen war: „Wie kann der Buddha mit Mitgefühl handeln, wenn er keine Gedanken hat?“ Die Antwort war: Er handelt wie ein „Wunscherfüllender Baum“, der Baum, der im tibetischen Weltbild in die Welt der Götter ragt und dort alle Wünsche erfüllt, oder wie das „Wunscherfüllende Juwel“. Die Bitten werden einfach erfüllt, natürlich, als universale Wirkung.

Ein ähnliches Bild kennen wir aus der Apokalypse, wo am Strom mit dem Wasser des Lebens die Bäume des Lebens stehen, die zwölf Mal Früchte tragen und deren Blätter zur Heilung der Völker dienen.

Dieses universale „Mitgefühl“ handelt also ohne Nachdenken, ohne Plan und ohne ein Ich, das sich dabei wichtig macht und die Sicht auf die Wirklichkeit verstellt.

Die guten Werke der gewöhnlichen Bodhicitta sind wie die Beine,

sehr notwendig, um die ersten Stufen des Wegs zu gehen. Die Meditation ist wie die Augen – es braucht beide, um richtig zu handeln!
Zuletzt fügt er noch hinzu: Ein Moment der Meditation über die Leerheit bringt mehr Segen, als die ganze Erde mit Stupas und Gebetsfahnen zu bedecken, als alle Wesen zu speisen und zu ernähren, als allen Menschen Kleidung und Häuser zu geben. Nicht, dass diese Dinge unwichtig wären, aber ohne die Liebe in ihrer vollendeten Form sind sie kraftlos und leer.
Ich verabschiede mich und wandere hinauf zu meiner Höhle, um den Kocher zu installieren und den Kühlschrank zu reinigen und einzuschalten – ganz banale Dinge, moderne Zeiten, während der Geist in mir noch nachklingt: Bodhicitta, „Mitgefühl", Erleuchtungsgeist, Herzenskraft, Liebe ... Alles Worte, die nur sehr ungenügend ausdrücken können, welche Wirklichkeit in ihnen mitschwingt.

Ich zeige euch jetzt noch einen anderen Weg,
einen, der alles übersteigt.

Wenn ich in den Sprachen der Menschen und der Engel redete,
hätte aber der Liebe nicht,
wäre ich dröhnendes Erz oder eine lärmende Pauke.

Und wenn ich meine ganze Habe verschenkte,
und wenn ich meinen Leib dem Feuer übergäbe,
hätte aber die Liebe nicht, nützte es mir nichts.

Jetzt schauen wir in einen Spiegel
und sehen nur rätselhafte Umrisse,
dann aber schauen wir von Angesicht zu Angesicht.

Jetzt erkenne ich unvollkommen,
dann aber werde ich durch und durch erkennen,
so wie ich auch durch und durch erkannt worden bin.

So singt der Apostel Paulus, ein wunderbares Dokument des Glaubens, im ersten Korintherbrief.
Das Hohelied der Liebe und die Sprache der Meditation.
Ein Klang!

Leerheit

Die Lilien vom Berg

Heute hat der Tag gut begonnen. Ich habe den Sonnenaufgang gesehen, und jetzt sitze ich vor meiner Höhle bei einer guten Tasse Kaffee. Die Sonne steigt höher und höher, es wird langsam warm, und angenehmes Wohlgefühl erfüllt den Körper. Der Geist wird leicht und klar, und die Meditation fließt freudvoll dahin. Heute geht es leicht.
Gestern war das anders, da hatte ich den ganzen Vormittag mit schweren Hindernissen und Widerständen zu ringen, die sich erst zu Mittag, bei meinem Lehrer, auflösten.
Was er mir sagte, war nicht neu: Alles erscheint innerhalb des Geistes, alle Hindernisse, alle Schwierigkeiten, jeder Selbstzweifel, jede Not. Nichts ist außerhalb; und dann die weiteren Schritte der Meditation des Dzogchen.
Seine Worte und seine Gegenwart hatten mir geholfen, und jetzt, am Morgen danach, war meine Seele von tiefer Dankbarkeit erfüllt, denn jetzt erlebte ich tiefen Frieden.

Wie soll ich meine Dankbarkeit ausdrücken? Ich möchte ihm etwas schenken, aber die gewöhnlichen Dinge braucht er nicht, er hat genug davon. Da fällt mir etwas anderes sein. Ich kenne oben am Gipfel des Berges, gleich unter dem Hindutempel mit der schönen Aussicht, einen Platz, wo das ganze Jahr hindurch wunderschöne und duftende Berglilien wild wachsen. Es ist der einzige Platz, und man findet diese Blumen sonst nirgends, und dabei werden sie sehr hoch geschätzt. Von diesen Blumen will ich meinen Lehrer eine Handvoll bringen, und so stehe ich langsam auf, schließe meine Höhle ab und wandere den Berg hinauf.
Es ist eine frische und heitere Morgenstimmung, und der Weg macht mir Freude. Bald bin ich oben angekommen, ziehe meine Schuhe aus

und halte eine Andacht in dem kleinen Tempel am Gipfel. Naina Devi, eine wichtige weibliche Gottheit des Landes, hat hier ihren Sitz, und ihre Statue und ihre Gegenwart kenne ich seit vielen Jahren. Der Hindupriester malt mir einen roten Punkt auf die Stirn, und während der Meditation bitte ich um die Erlaubnis, von den schönen Blumen zu nehmen.
Nach der Andacht gehe ich den geheimen Weg hinunter und finde an der gewohnten Stelle die weißen Lilien im Überfluss blühen und duften.
Ich breche eine Handvoll ab und gehe dann auf einem anderen Weg zurück. Noch in der Nähe des Gipfels mache ich eine Rast und genieße den weiten Blick in die große und weite Ebene Indiens, die man von hier aus sehen kann.
An dieser Stelle und am weiteren Weg formt sich in meinem Geist eine neue Erklärung der Leerheit, des Kernbegriffs der Meditation und des Kernbegriffs der Verbindung von Christentum und Buddhismus.

„Leerheit" bedeutet, dass jede Wahrnehmung, jeder Gedanke auf ein Subjekt bezogen ist. Löst sich das Subjekt auf, dann wandelt sich auch der Charakter der Wahrnehmung grundsätzlich. Die Wirklichkeit ist dann „leer" – nämlich leer von einem ewigen, unabhängigen Subjekt, das auch die „Objekte" solide und substanzhaft erscheinen lässt. Die relative Wirklichkeit wird durchsichtig auf das Absolute hin.
Es ist die jetzt die Wahrnehmung der offenen Weite des Dharmakaya, in der eine neue Art des Gewahrseins als klares Licht erscheint – der Erleuchtungsgeist, der sich als natürliches Mitgefühl ausdrückt.

Jetzt schauen wir in einen Spiegel
und sehen nur rätselhafte Umrisse,
dann aber schauen wir von Angesicht zu Angesicht.

Jetzt erkenne ich unvollkommen,
dann aber werde ich durch und durch erkennen,
so wie ich auch durch und durch erkannt worden bin.

Das ist die Bedeutung der Lehre des Buddha von der Leerheit aller relativen Erscheinung: eine tiefe Erfahrung in der Meditation. Die Christen würden es eine Gotteserfahrung nennen und im Licht der Herzenswärme, das in dieser Erfahrung entsteht, Jesus erkennen.
Es ist das Licht am Verklärungsberg Tabor, es ist das Licht, das Paulus bei Damaskus vom Pferd wirft und tagelang blendet, es ist das Licht „heller als 1000 Sonnen", das die Bhagavadgita beschreibt, es ist das „ungeschaffene" Licht Gottes.
Es ist dieses Licht, weshalb der Buddhismus die Erlösung wohl „Erleuchtung" nennt. Es ist kein irdisches Licht, sondern die Manifestation der Wirklichkeit des Urgrundes, die ihre Strahlen aussendet. Die Strahlen dieses Lichts, das sind die Manifestationen der Nächstenliebe, das ist der Nirmanakaya.
Die Wirkungen dieser Strahlen entziehen sich der Vernunft, das heißt, dem subjektbezogenen Denken, weil sie aus einer anderen Wurzel kommen, weil sie aus einer anderen Quelle schöpfen.
Daher der Jubelruf Jesu:

Ich preise dich, Vater, Herr des Himmels und der Erde,
weil du all das den Weisen und Klugen verborgen,
den Unmündigen aber offenbart hast.
(Matth 11,25)

Diese Strahlen, dieses Licht sind das göttliche Geheimnis, das zur Teilnahme einlädt. Zum Beispiel gibt es eine wunderschöne Ikone von Andrej Rubljow, in der die göttliche Trinität in der Gestalt von drei Personen an einem Tisch sitzt. Ein vierter Stuhl steht davor und lädt den Menschen ein, Platz zu nehmen, um in das Beziehungsgeschehen der göttlichen Liebe einzutreten.
Der Buddha sagt, dass man Erleuchtung nicht erklären kann und daher auch nicht darüber reden soll. So ist die große Geste des Buddhismus das Schweigen.
Die Christen reden über diese Strahlen und ihren Ursprung und nennen sie den Drei-Einen Gott, der sich in seinem Geistausstrom aus dem Unergründlichen selbst mitteilt; ein Mysterium, das sich dem Verstand entzieht.

So ist das Zeichen des Christen das Wort, die uns ansprechende und in das Dasein rufende Selbstmitteilung Gottes, die nur in einem tiefen, horchenden Schweigen vernommen werden kann.
Das Schweigen und das Wort, zwei Wege, die sich ergänzen und zum selben Ziel führen.

Meditation über die Leerheit, die Geheimnisse der Trinität: Wozu beschäftigt man sich überhaupt mit diesen metaphysischen Dingen, die ja scheinbar nur die Mystiker etwas angehen?
Die Antwort ist klar!
Denn hier liegt der Schlüssel zum Verständnis der Krise der Neuzeit und der Weg zur Lösung des Teufelspaktes, der uns gefangen hält und zu rastloser Tätigkeit und zu ständigem Unfrieden führt. Es ist kein Luxus, sich mit diesen Fragen auseinander zu setzen, keine Spielerei und kein Zeitvertreib, sondern eine vitale Notwendigkeit. Gelingt es uns, dieses Problem zu lösen, dann ist vieles gewonnen.

Wenn man den Schatten des Abendlandes verstehen will, dann muss man bis zum Gottesbild gehen und dieses Gottesbild mit einer anderen großen Kultur vergleichen. Hier werden die tiefsten Prinzipien, auf denen unser Leben aufbaut, sichtbar, denn im Gottesbild sagt eine Kultur hauptsächlich etwas über sich selbst – und nicht über den transzendenten, unfassbaren Urgrund.
Deswegen ist die Verbindung von Christentum und Buddhismus heute von vitalem Interesse für uns und für die Kultur der ganzen Menschheit.

Zeugen der Auferstehung

Dzogchen und der Sieg über die Vergänglichkeit

Seht, ich enthülle euch ein Geheimnis:
Wir werden nicht alle entschlafen,
aber wir werden alle verwandelt werden.
(1 Kor 15,51)

Das Swat-Tal liegt im heutigen Pakistan, nicht weit von der Grenze zu Afghanistan, einem der großen Krisengebiete unserer Zeit, ebenso wie Palästina und Jerusalem und wie Tibet. Es scheint, als wären die religiösen Zentren in unserer unruhigen Zeit auch zu politischen Krisenherden geworden.

In diesem Tal soll Guru Rinpoche aus einem Lotus auf einem See in wunderbarer Weise hervorgegangen sein. Er hat den Dzogchen-Impuls zu Mandarava, zum Heiligen See in den Bergen und den Höhlen und schließlich nach Tibet gebracht.

Aber was hat es mit dem Ausgangspunkt seines Wirkens, seiner Geburt auf sich? Was ist so Besonderes an diesem Land, in dem es eine große Menge alter Buddha-Statuen gibt, teilweise riesengroß in den Fels gehauen?

Neuerdings wurden viele dieser Statuen durch die kriegerischen Handlungen schwer beschädigt oder zerstört. Aus diesem Grund hat mein Lehrer beim Heiligen See in Indien eine neue Riesenstatue errichten lassen. Die Welt braucht diese Zeichen, meinte er, und da sie an einem anderen Ort zerstört wurden, werden sie hier wieder aufgebaut, ähnlich wie die tibetischen Klöster, die im Heimatland Tibet zerstört wurden und jetzt in Indien wieder auferstehen.

Also, was hat es mit diesem Tal und mit diesem Land so Besonderes auf sich?

Es liegt am Verbindungsweg zwischen Asien, Afrika und Europa. Hier

Bei den Höhlen: der Blick von meiner Klause hinunter ins Tal nach Südosten. Gebetsfahnen wehen hier überall.

„The Five Star Cave", die „Höhle" des Autors: oben der Blick gegen Norden zur Hauptkette des Himalajas, links unten die „Stein-Treppe", die hinauf führt, und rechts die Klause selbst unter dem grünen Felsen.

Das Innere der Klause in guten Zeiten. Die Glühbirne funktioniert nur manchmal, links davon meine „Bücherei".

Der Blick ins Innere des Vulkangipfels am Weg von meiner Klause zur großen Höhle von Guru Rinpoche. Man sieht einen der sieben Kraterseen des Berges.

verlaufen uralte Handelswege, und hier findet seit Jahrtausenden ein kultureller Austausch statt.
Diese Gegend ist auch der Ursprungsort des Mahayana-Buddhismus, dieser großen Reformbewegung im Buddhismus, bei der das Mitgefühl, also die Nächstenliebe, und das Ideal des Boddhisattva, also des Wesens, das auf die eigene Erleuchtung so lange verzichtet, bis alle anderen erlöst werden, in den Mittelpunkt rücken. Hier gab es, kurz nach der Zeitenwende, eine große Konferenz, bei der sich diese neue Haltung durchgesetzt hat.
Maitreya Buddha, die Leitgestalt des kommenden Zeitalters, die schon heute voller Mitgefühl auf die Geschichte der Menschheit einwirkt, wird hier sichtbar. Eine Gestalt, die dem wiederkehrenden Christus sehr ähnlich ist.
In diesem Zusammenhang beginnt man hier auch, Buddha-Statuen herzustellen und in Stein zu hauen oder in anderer Weise sichtbar zu machen und zu verehren. Die Darstellung des menschlichen Körpers ist dabei stark vom griechischen Einfluss geprägt. Der Faltenwurf der Gewänder spielt eine wichtige Rolle, so wie in der Kunst des alten Römischen Reiches.
Es ist deutlich, dass sich die Kultur und die Religion der Kontinente hier gegenseitig befruchtet haben und dass der christliche Impuls seine Strahlwirkung mit der alten indischen Kultur und der edlen Blüte des Buddhismus vereinigen konnte.
Im direkten Weg zur Erleuchtung, der von Guru Rinpoche übertragen wurde, findet sich nun auch die Vorstellung von Küntu Sangpo, die Vorstellung von einem „Schöpfergott", der alles gemacht hat und der allen Erscheinungen zugrunde liegt.
Es gibt eine Fülle von Parallelen und Überschneidungen, die alle darauf hinweisen, dass ein reger kultureller Austausch am Werk war.
Die sogenannten Nestorianischen Christen waren später bis nach China gelangt und hatten dort ihr Wissen weitergegeben; die Zeremonialgewänder und manche Einzelheiten in den Ritualen und Vorstellungen der Tibeter zeigen noch Spuren dieser Beeinflussung.

Eine der faszinierendsten Qualitäten der Verbindung zwischen den verschiedenen religiösen Traditionen ist aber der Vorgang der Auf-

erstehung oder des „Regenbogenkörpers“ der Meister des Dzogchen. Den großen Heiligen werden in allen Traditionen wunderbare Kräfte zugeschrieben. Bei den Höhlen gibt es zum Beispiel mehrere Plätze im Felsen, an denen Guru Rinpoche einen Körperabdruck hinterlassen hat. Bei meinem Besuch in Rom war ich sehr erstaunt zu sehen, dass Ähnliches auch in der christlichen Tradition gezeigt wird.
Das größte Zeichen geistiger Verwirklichung oder der Gottesnähe ist aber gegeben, wenn der Mensch im Tod keinen Körper mehr hinterlässt. Die Tibeter nennen diesen Vorgang das Annehmen eines „Regenbogenkörpers“, denn bei diesem Vorgang sieht man häufig Regenbogen-Erscheinungen und andere wunderbare Zeichen. Der Körper löst sich im Tod auf, und je nach dem Grad der Verwirklichung bleiben entweder nur die Kleider, die Fingernägel und das Haar zurück, oder es findet eine völlige Auflösung statt.
„Das Grab ist leer!“, ruft jubelnd die Osterliturgie der Christen. Dieser Vorgang wird hier erinnert, weiter gepflegt und praktiziert: Zeugen der Auferstehung im wahrsten Sinn des Wortes, denn sie erinnern sich nicht nur an das Geschehen vor 2000 Jahren, sondern sie halten diese Möglichkeit für die Menschheit offen.
„Du lässt deinen Frommen die Verwesung nicht schauen“, heißt es in der Bibel. Und Jesus selbst weist darauf hin, dass die, die nach ihm kommen und von seinem Geist erfüllt sind, da er zum Vater geht, dass diese Menschen noch größere Dinge tun werden als er.

Amen, Amen, ich sage euch: Wer an mich glaubt, wird die Werke, die ich vollbringe, auch vollbringen, und er wird noch größere vollbringen, denn ich gehe zum Vater. (Joh 14, 12)

Natürlich gibt es einen Unterschied zwischen der Auferstehung Jesu und dem Regenbogenkörper der Buddhisten, denn einer eröffnet das Ganze der Auferstehung, und die anderen gehen mit ihm mit. Aber wir können uns daran erinnern, dass der Vorgang der Auferstehung die Grenzen des menschlichen Verständnisses weit hinter sich lässt. Die Buddhisten sprechen in diesem Zusammenhang von der „absoluten Wahrheit“ im Unterschied zur „relativen Wahrheit“, die unser Verstand erfassen und in Worte kleiden kann. Alles, was das „Jen-

seits“ betrifft, Erleuchtung, Auferstehung und das Leben jenseits des irdischen Lebens, entzieht sich dem forschenden Verstand und kann daher nur sehr unvollkommen beschrieben werden.
Hierher gehört übrigens auch die Diskussion über den Vorgang der Reinkarnation, die im tibetischen Buddhismus eine besondere Bedeutung hat, da die großen Lehrer immer wieder geboren werden, um ihre Mission fortzusetzen.
Dieser „Vorgang“ ist wesentlich komplexer, als es auf den ersten Blick scheinen mag, und besonders unklar ist die Frage, was denn da genau wiedergeboren wird, wenn es kein ewiges, selbstständiges Ich gibt!
Als ich einmal einen Tulku, also eine offiziell anerkannte Wiedergeburt, mit dem ich nahe befreundet war, danach gefragt habe, hat er mir erzählt, dass er selbst sich an nichts erinnern kann. Jemand anderer hatte ihn erkannt und in seine früheren Würden eingesetzt.
All diese Fragen führen in den Bereich der absoluten Wahrheit und können daher nie ganz beantwortet oder ausgelotet werden.
Die Jünger sind jahrelang mit Jesus gewandert, aber nach seiner Auferstehung erkennen sie ihn zunächst nicht. Er hat seine Gestalt gewandelt und ist zugleich bekannt und unbekannt. An seinem Wort, an seiner liebenden Zuwendung erkennt ihn Maria von Magdalena als Erste, und am Brot-Brechen erkennen ihn die Jünger von Emmaus.

Aber kehren wir zu den tibetischen Meistern zurück, die diese Wirklichkeit zu einem Teil ihres Lebens gemacht haben.
Von manchen großen Meistern wird erzählt, dass sie sich, wenn sie den Tod kommen spüren, zurückziehen und anordnen, dass sie für einige Tage nicht gestört werden dürfen. Wenn man dann den Raum, die Höhle oder das Zelt öffnet, in das sie sich zurückgezogen haben, findet man es leer vor. Nur das Gewand ist noch zu sehen, so wie die Leinenbinden und das Schweißtuch in der Grabeshöhle Jesu in Jerusalem.
Am Ende der ersten Woche der Belehrungen, die ich von meinem Lehrer erhielt, am Ende der vier Punkte, die den Geist zur Meditation führen, sagte ich: Diese vier Punkte sind gute Gründe, um Religion

zu praktizieren. Aber warum sollte ich den tibetischen Buddhismus praktizieren? Ich habe selbst eine gute Religion.
Er antwortete mir darauf: „Ich kenne die anderen Religionen nicht. Ich meine, dass sie viele gute geistige Impulse enthalten. Aber in meiner Tradition, im tibetischen Buddhismus, ist es das höchste Zeichen der Verwirklichung, einen Regenbogenkörper anzunehmen. Diesen Regenbogenkörper können sogar westliche Menschen erreichen, denn zu einem großen Meister in Kham war zu meiner Zeit ein westlicher Abenteurer gekommen und hatte die Dzogchen-Belehrungen erfolgreich praktiziert. Am Ende seines Lebens hinterließ er keinen Körper, sondern nur Regenbogenlicht, das um sein Gewand spielte. Dieses Licht hat Khunu Rinpoche mit eigenen Augen gesehen und uns davon erzählt!
Und auch in unserer Nachbarschaft in Tibet gab es einen ganz ähnlichen Fall", erzählte mein Lehrer weiter, „ein ganz einfacher Mensch hatte sich am Ende seines Lebens in eine kleine Steinhütte zurückgezogen, die nach ein paar Tagen leer vorgefunden wurde."

Namkhai Norbu, ein bekannter zeitgenössischer Lehrer des Dzogchen, schreibt in seinem Buch, dass die Berichte über Regenbogenkörper im Tibet seiner Jugend zwar nicht sehr häufig waren, aber doch regelmäßig vorkamen, und er erwähnt ein gut dokumentiertes Beispiel sogar im 20. Jahrhundert.
Das mag uns fremd und unglaubwürdig erscheinen, aber schließlich ist unsere ganze westliche Kultur auf den Glauben an die Möglichkeit dieses Vorgangs aufgebaut. Das Grab ist leer!

Neben dieser spektakulären und vollendeten Form gibt es auch andere Zeichen eines gelungenen geistigen Weges; Zeichen, denen ich selbst begegnet bin. Eines davon ist, dass der Mensch in der Meditationshaltung stirbt und dass sein Körper dann allmählich kleiner wird. Ein anderes ist, dass der Körper noch mehrere Tage nach dem Tod aufrecht sitzt und dass sich statt eines Verwesungsgeruchs ein feiner Duft verbreitet. Erst vor kurzer Zeit ist eine Nonne in dieser Weise 11 Tage lang nach ihrem Tod im aufrechten Sitz verharrt.
Eine ganze Reihe weiterer Beispiele zeigt, dass dieser Übergang nichts

„Übernatürliches" ist, sondern zu den Möglichkeiten und zur angestammten Würde des Menschseins gehört. Das ist die Botschaft des christlichen Glaubens in ihren tiefsten Wurzeln: Die Pforten der Hölle sind zerbrochen, und der Weg zum Licht ist geöffnet. Und das ist auch die Botschaft des praktizierenden Buddhismus – weit jenseits allen Aberglaubens und aller esoterischen Verwirrungen.
Was für eine Welt, in der so etwas möglich ist!

Das weibliche Prinzip

Die Erde trägt alle Wesen

Schon bei meinem ersten Besuch, 1979, hatte ich die große Meditationshöhle von Guru Rinpoche kennen gelernt. Im Hintergrund dieser Höhle führte ein schmaler Felsspalt weiter in den Berg hinein. Der Weg ist heute ausgebaut und mit einer bequemen Treppe versehen, damit sich die Pilger nicht stoßen, aber damals war es einfach ein Spalt zwischen den Felsen.

Ich folgte also diesem Spalt, bis er sich wieder zu einer geräumigen Höhle erweiterte, in die von oben etwas Tageslicht einsickerte. Nach einer kurzen Rast blickte ich mich um und erkannte nun in dem schwachen Licht, dass mir gegenüber eine überlebensgroße Statue in den Felsen eingearbeitet war. Davor brannten ein paar kleine Opferlampen. Dieser Anblick war tief beeindruckend und in seiner ernsten Würde Ehrfurcht gebietend. Das war die Statue von Guru Rinpoche, erbaut zur Erinnerung an die Zeit, die er hier vor gut 1.000 Jahren verbracht hatte.

Ich verweilte an dem Ort im Inneren der Erde, und dann bemerkte ich einen weiteren Spalt, der noch tiefer in den Berg hinein führte. Ich folgte dem Spalt, durch den man sich wie durch einen Geburtskanal zwängen musste, und gelangte so in eine weitere, kleinere und noch geheimere Höhle. Hier war es ganz still und ganz dunkel. Auf einer Seite ahnte man eine weitere Statue, und der ganze Raum war von einer mystischen Kraft erfüllt, die mich in ihrer Intensität fast bedrängte. Ich konnte den Ort damals nur sehr kurze Zeit ertragen, dann zog ich mich beeindruckt wieder in die größere Höhle zurück.

Das war die Höhle der Prinzessin Mandarava gewesen, und schon hier erfüllte mich der Wunsch, wiederzukommen und gestärkt und gereinigt länger an diesem Ort zu bleiben, um mit seiner Kraft Verbindung aufzunehmen.

Es gibt verschiedene Namen für Orte dieser Art; man nennt sie Naturheiligtümer oder Kraftplätze, und in unserer Kultur sind solche Orte gewöhnlich mit der Marienverehrung verbunden. In Kärnten gibt es zum Beispiel den Dom zu Gurk. In der Krypta unter der Basilika, beim Grab der heiligen Hemma, war mir eine ganz ähnliche Kraft begegnet. Es gibt Mariazell, Heiligenblut und viele andere Orte, an denen man zur rechten Zeit und in der rechten Haltung auch in unserem Land den Boden und die Kraft unserer Mutter Erde geistig spüren kann.

Ganz unten, auf der Ebene der Erde, sind die Einheit und der Boden, auf dem alle Religionen aufbauen. Ganz oben, auf den höchsten geistigen Ebenen, findet sich diese Einheit auch.
Dazwischen liegen die Unterschiede; und an dieser Stelle setzen die Autorität und die Verwirrung ein.
Das Leben eines Einsiedlers hat sehr viel damit zu tun, zu dieser Basis allen Lebens zurückzukehren. Der Weg in die Höhle ist wie eine neue Schwangerschaft und ein neuer Geburtsvorgang; jetzt nicht von irdischen Eltern, sondern von den größeren Prinzipien.
Wenn der Einsiedler sich in seine Höhle zurückzieht, um neu geboren zu werden, dann bilden die Übertragungslinie, sein geistiger Lehrer und die Transzendenz gleichsam den „Vater", während seine geistige Mutter die Erde, Tara, Maria oder die „Mutter" aller Buddhas ist.

Das Weibliche am Berg

Der Heilige Berg mit dem Lotus-See ist kein Mönchsberg. Er ist auch kein Nonnberg, denn bei den tibetischen Einsiedlern gibt es keine Geschlechtertrennung.
Anders als am Berg Athos, am heiligen Berg in Griechenland, ist hier nicht alles Weibliche ausgeschlossen. Ganz im Gegenteil, denn es gibt mehr Nonnen und Einsiedlerinnen als Männer.
Meine Frau, die mich manchmal zu den Höhlen begleitet, sagt: „Das ist mein Berg Athos, zu dem ich auch als Frau gehen kann."
Der tantrische Buddhismus kennt auch keinen einseitigen Vatergott. Wenn das Urprinzip überhaupt bildlich dargestellt wird, dann ist es

oft das Bild der sexuellen Vereinigung von zwei Gestalten, die das männliche und das weibliche Prinzip symbolisieren.
Der Buddhismus ist damit natürlich kein Freibrief für ungehemmte Sexualität, sondern es geht darum, dass auf einer sehr hohen Ebene der Verwirklichung sogar dieser hochenergetische und gefährliche Bereich des menschlichen Lebens in den geistigen Weg aufgenommen werden kann. Hier wird nicht die Aufhebung der Regeln des gelungenen Zusammenlebens der Menschen praktiziert, sondern ihre Erfüllung auf einer höheren Ebene.

Der Umgang mit diesen Fragen erfordert natürlich eine hohe Reife und großes Feingefühl.
Als zwei westliche Schüler meinen Lehrer einmal darum baten, ihnen Unterweisungen für die spirituelle Praxis der sexuellen Vereinigung zu geben, wies er dieses Ansinnen deutlich zurück und wiederholte stattdessen die einführenden Belehrungen zur Meditation über die Leerheit und die Natur des eigenen Geistes.
Als die beiden gegangen waren, erklärte er mir, dass der geistige Weg in Stufen vor sich geht und dass man die Reihenfolge nicht einfach vertauschen kann.
Die menschliche Sexualität hat viele verschiedene Ebenen. Erst auf der höchsten Ebene der Verwirklichung ist sie eine Vereinigung der Gegensätze, die die Dualität überwindet und damit ein Bild wird für das Spiel der kosmischen Kräfte, aus denen jede Erscheinung entsteht: die männliche und die weibliche Seite Gottes, wie sie den Bildern der tantrischen Gottheiten zu Grunde liegt.
Übrigens spielt die Sexualität für die tibetische Kultur bei weitem nicht die Rolle, die sie bei uns hat.
Aus verschiedenen Gründen, teils durch Unterdrückung, teils bedingt durch die historische Situation, hat diese Frage bei uns eine Brisanz und eine Bedeutung erhalten, die weit übertrieben erscheint. Sexualität ist hier das Projektionsfeld für die verschiedensten Vorstellungen, Ansprüche und Bedürfnisse, die eigentlich in einen anderen Bereich gehören.

Die weibliche Seite Gottes

Gerade komme ich aus der kleinen Höhle der Prinzessin Mandarava, dem Kraftplatz bei den Höhlen, wo ich die Sache etwas durchmeditiert habe. Danach gab es noch eine kurze Plauderei mit meinem Lehrer, draußen auf der Terrasse in der Sonne, wo ich ein wenig vom Christentum und vom Buch erzählt habe, an dem ich gerade schreibe. Dann habe ich um seinen Segen gebeten. Zuletzt gab es wie immer tiefgehende Meditationsbelehrungen, und jetzt sitze ich vor meiner Höhle mit dem Blick auf die frisch verschneite Hauptkette des Himalajas.

Das Thema ist spannungsgeladen und gefährlich, und ich muss mich hüten, nicht zu viel zu sagen, um nicht in ein Wespennest zu stechen. Denn zur weiblichen Seite Gottes gehören auch die Sexualität und das dunkle Prinzip, das in der christlichen Dogmatik nur ungenügend integriert ist und daher immer wieder Probleme schafft. Viele der Spannungen in der Verbindung von Christentum und Buddhismus kommen von dieser Seite, und die Art, wie ein Mensch mit der Sexualität und mit seinem Schatten umgeht, ist entscheidend für den spirituellen Weg. Zumindest habe ich das so erlebt, und ich glaube, dass mein Weg typisch ist für den suchenden Abendländer. Sexualität und Macht: Das sind die Fragen, die sich hier unweigerlich stellen.

Und in den Fragen liegt auch schon die Antwort. Nicht die Sexualität ist schlecht, sondern ihr Missbrauch. Nicht die Macht ist schlecht, sondern ihr Missbrauch. Beide Elemente gehören zum menschlichen Leben, aber man muss sehr sorgsam mit ihnen umgehen. In der Sexualität begegnen wir direkt den Leben schaffenden Kräften, bei der Macht begegnen wir dem Führungsanspruch und der Autorität des schöpferischen Impulses. Wenn wir sie zu egoistischen Zwecken gebrauchen, verfinstern sie sich. Wenn wir in ihnen die Transzendenz wirken lassen, die schöpferische Vereinigung, dann führen sie hinauf.

Im christlichen Mönchstum hat man versucht, dem Problem durch die Gelübde von Armut, gottgeweihter Ehelosigkeit und Gehorsam

auszuweichen, und die Sexualität wurde zumeist undifferenziert als etwas Ungeistiges gesehen, das man besser meidet.
Erst im 20. Jahrhundert ist das Thema durch die Arbeit der Tiefenpsychologie wieder ins Zentrum der Aufmerksamkeit getreten, und einiges hat sich im Verhältnis zur Sexualität und Geschlechtlichkeit entkrampft.
So weit bin ich beim ersten Anlauf gekommen. Ich hatte das Thema zwar intuitiv erfasst, aber es war mir nicht möglich, einen flüssigen Text über das Ganze zu diktieren. Das ist kein Wunder, denn hier geht es mitten in das Zentrum des Schattens des Abendlandes.
Danach war das Diktiergerät voll, und ich konnte mir nur mehr kurze schriftliche Notizen machen. Jetzt bin ich wieder zurück und versuche, anhand der Notizen den Faden wieder aufzugreifen und das schwierige Thema zu fassen
Bei Jesus, am Anfang der Geschichte, gibt es das Problem noch nicht! Jesus geht sehr unbefangen mit dem Bösen und mit der Sexualität um. Er speist mit Zöllnern und Huren, zu seinen Jüngern gehören Männer und Frauen. Aus Maria von Magdala hat er sieben Dämonen ausgetrieben, sie wäscht ihm die Füße und trocknet sie mit ihrem Haar wie Kundri in Wagners Oper, und sie ist die erste, die Jesus nach der Auferstehung sieht, weil sie ihn am meisten liebt.
Diese Gestalt, Maria von Magdala, ist heute in den Mittelpunkt der Aufmerksamkeit getreten. Man schreibt Bestseller über ihr Verhältnis zu Jesus, über die Frage, ob sie mit ihm einen Sohn hatte, und über geheimnisvolle Verschwörungstheorien im Vatikan.
Das Thema ist also hochaktuell, denn es geht um einen neuen Zugang zur Sexualität und um eine neue Verbindung von Spiritualität und kirchlicher Macht.
Darüber gäbe es noch viel zu sagen und zu schreiben, aber es würde den Rahmen dieses Buches bei weitem sprengen, näher darauf einzugehen.

Der Schlussstein

So, jetzt komme ich mir vor wie ein Baumeister, der dabei ist den Schlussstein in ein großes Gewölbe zu setzen. Alles ist vorbereitet, es braucht nur mehr einen kleinen Schritt, und das Werk ist vollendet, der Bogen ist gespannt.
Es ist der erste Advent, gestern habe ich einen Entwurf gemacht, und heute Nacht hat das Thema in mir gearbeitet und ist gegen Morgen zur Lösung gekommen. Gewöhnlich diktiere ich meine Texte unter freiem Himmel, mit einer weiten Aussicht, aber heute regnet es, und so habe ich mich in den Altarraum zurückgezogen und eine kurze Andacht gehalten, bevor ich mit der Arbeit beginne.

Du stürzt die Mächtigen vom Thron
und erhöhst die Niedrigen.
Die Hungernden beschenkst Du mit Deinen Gaben
und lässt die Reichen leer ausgehen.

Diese Zeilen aus dem *Magnificat* führen direkt ins Thema, zur Auflösung des Schattens und zur weiblichen Seite Gottes.
Wenn die Christen auf der Erde ein Reich des Friedens und der Gerechtigkeit errichtet hätten, dann müsste ich jetzt schweigen, denn unser Gottesbild hat sehr viel Gutes bewirkt und eine gewaltige Kulturentwicklung ermöglicht. Aber es hat unsere Welt auch an den Rand des Abgrunds geführt, und deshalb muss ich etwas sagen.
Das christliche Gottesbild, der christliche Vater-Gott ist einseitig. Es fehlt ihm die weibliche Seite. Der Vater ist im Himmel, die Mutter und die Erde gehören nicht dazu. Das ist eine Verzerrung, denn die Erde und das Ewig-Weibliche sind ebenso viel oder ebenso wenig göttlich wie der Vater.
Gott ist Transzendenz, sie ist weder männlich noch weiblich, weder im Himmel noch auf der Erde, sondern sie übersteigt all diese Bestimmungen. Sie ist der Urgrund, aus dem alles kommt, unnennbar und erhaben.

Das Tao, das genannt werden kann, ist nicht das ewige Tao.
Der Name, der genannt werden kann, ist nicht der ewige Name.
(Lao Tse King 1)

Gott ist der Anfang aller Erscheinung, aber er ist selbst keine Erscheinung, die man benennen oder festmachen könnte. Diese Einsicht fehlt dem Mainstream unserer Kultur. Nur manchmal taucht sie auf, wird aber immer wieder an den Rand gedrängt.
C. G. Jung hat dazu einmal sinngemäß gesagt, dass es in der „offiziellen" abendländischen Philosophie und Theologie nichts gibt, das wir der Weisheit des Tao mit Anstand zur Seite stellen könnten.
Die großen Irrtümer der Menschheit entstehen nicht daraus, dass man etwas Falsches glaubt. Das würde sich sehr bald herausstellen. Sie entstehen daraus, dass man eine große Wahrheit einseitig überbetont.
Das Abendland hat den Vater Gott und das göttliche Wort, die Selbstmitteilung Gottes in seiner Menschlichkeit, also den Logos, intellektualisiert verengt verstanden, und dabei die göttliche Weisheit, die *Sophia*, das Ewig-Weibliche, Empfangende und Schweigende fast vergessen.
Es wurde über die Gestalt Mariens nachträglich ins Dogma integriert, aber das ist zu wenig, wie wir heute sehen.
Die christliche Theologie des Abendlandes baut stark auf Augustinus auf. Sie ist ein großartiger Entwurf, aber Augustinus war vor seiner Bekehrung Manichäer, der die Erde ablehnte, und er war Zeit seines Lebens auf der Flucht vor dem „Mütterlichen", also vor dem Vereinnahmenden seiner Mutter. Diese Geschichte klingt bis heute im christlichen Glauben mit.
Wenn nämlich das Weibliche und die dunklen, irdischen Seiten der Wirklichkeit nicht richtig im Gottesbild aufgehoben sind, dann spalten sie sich ab und gehen eigene Wege: Wege, die nicht in Harmonie mit dem göttlichen Ursprung sind.
Das ist es, was wir heute erleben.

Weisheit und Methode, Leerheit und Bodhicitta, Glocke und Dorje, das sind die beiden Flügel, die den Vogel der Seele zum Fliegen bringen. Im Buddhismus gibt es die Harmonie im Gottesbild, weil es an der spirituellen Praxis orientiert ist. Im Vergleich mit dieser Weisheit, im Spiegel einer anderen, großen Kultur der Menschheit, können wir unseren eigenen Schatten deutlich sehen und korrigieren.
Wir haben die Methode, die wirkungsvollen Mittel, die Nächstenliebe

und den *Logos,* das göttliche Wort, voll entwickelt. Was uns fehlt ist die göttliche Weisheit, die *Sophia,* oder in der Sprache des Buddhismus: die Meditation über die Leerheit. Unter den sechs großen Tugenden des Buddhismus ist die größte die Weisheit. Die anderen Tugenden, die guten Werke, die Konzentration usw., sind wie die Beine. Die Weisheit ist wie die Augen. Wenn man durch die Welt gehen will, braucht man beide: die Augen und die Beine, sonst kommt man nicht voran, sonst stößt man sich den Kopf.

In der Sprache der Meditation ist das der Übergang von der zweiten zur dritten Ebene des Mahamudra. Hier eröffnet sich der Weg zur Weisheit, hier öffnet sich der Blick in die Leerheit des eigenen Wesens, in den Urgrund, aus dem das göttliche Wort hervorströmt, um in den Werken der Nächstenliebe Gestalt anzunehmen. Um diesen Übergang geht es bei der Vervollständigung des christlichen Gottesbildes: Es geht um die Ganzwerdung, um die Aufnahme und Achtung für die göttliche Weisheit und um das Ewig-Weibliche.

Seit Weltbeginn bin ich erschienen.
Vor den Ewen (Äonen) ging ich hervor aus Gottes Hand. ...
Mitwirken durfte ich an seinem Werk.

Längst bevor der Mensch die Sendung und Größe von mir erahnt. ...
Da hatte der Herr mich bereits als Ganze,
als Seine Weisheit geschaffen,
und ich hatte Sein Herz gewonnen.
Meint ihr, er wäre ohne meine reinste Schönheit, die ihn verführte,
je herabgestiegen und Fleisch geworden inmitten seiner Schöpfung?

Die Liebe allein ist fähig, das Sein zu bewegen.
Und so musste Gott, um aus sich heraustreten zu können,
vor sich her zuerst einen Pfad der Sehnsucht entwerfen,
vor seiner Ankunft einen Duft von Schönheit verbreiten.
Damals ließ er mich entstehen ...
Überm Abgrund – zwischen der Erde und sich selbst –,
um in mir unter euch zu sein.
Ich bin das Ewig-Weibliche!
(Pierre Teilhard de Chardin, Hymne an das Ewig-Weibliche)

Wir sind großartig beim Analysieren von Problemen, aber uns fehlt noch die Fähigkeit, sie aufzulösen, sie zu heilen. Wir versuchen immer eine Lösung zu finden, die auf der materiellen Ebene oder in logischen Gedanken liegt, aber diese „Lösungen“ ziehen immer weitere Probleme und Fragen nach sich!
Um ein Problem wirklich aufzulösen, um es wirklich in der Seele und in der Welt zu verwandeln, braucht es die Weisheit, die *Sophia*.
Diese Weisheit führt zu einer neuen Philosophie, einem neuen Weltbild, ja einer neuen Wissenschaft: einer Wissenschaft, die auf das Ganze schaut und deren Hauptwerkzeuge nicht die Analyse, die Trennung sind, sondern die Synthese und die schöpferische Vereinigung, die Ökologie.
Das ist der Geist, der uns helfen wird, die Konkurrenz der Nationen auf dieser Erde zu beenden und eine friedliche Vereinigung, die niemanden vergewaltigt, möglich zu machen.

Die überschüssige Lebensenergie, die am Anfang der Geschichte zum Wachstum und zur biologischen Vermehrung eingesetzt wurde und die die Neuzeit so geschickt in den materiellen Fortschritt verwandelt und sublimiert hat, kann schließlich dorthin fließen, wohin sie gehört: in die geistige Höherentwicklung, also in die schöpferische Vereinigung der ganzen Menschheit und der Welt.

Mystik im Alltag

Einleitung

Wie ich mir eine Höhle baute

Wem gehört eigentlich so eine Höhle?
Die Natur ist frei, sie gehört allen, und trotzdem richten sich die Menschen häuslich in ihr ein und nennen den Platz, an dem sie wohnen, ihr Eigentum.

Als ich in die Einsiedelei kam, konnte ich eine Höhle bewohnen, deren Besitzer gerade für einige Monate verreist war. Als er zurückkam, musste ich mir eine andere suchen. So kam es, dass ich im Lauf der Zeit von Klause zu Klause wanderte und den ganzen Bereich und die Vorzüge und Nachteile der verschiedenen Höhlen kennen lernte. Es war hier üblich, dass der, der zuerst einen passenden Platz mit geeigneten Felsblöcken ausfindig macht und dort mit einigen Steinen, etwas Holz und ein paar alten Blechkanistern ein Vordach und eine Tür errichtet, als der Besitzer dieser Höhle galt und es auch blieb, wenn für einige Zeit jemand anderer darin wohnte. So war es eben.
Einmal bewohnte ich eine recht gute Höhle, die fast wie ein kleines Häuschen aussah. In dieser Zeit lebte auch ein irischer Weltenbummler bei uns, der einige Zeit in China verbracht und dort das *Tao Te King* und die Kunst des Tai Chi erlernt hatte. Er war sehr kräftig gebaut und auch sehr praktisch veranlagt. Es machte ihm Freude, mit Stein und Lehm zu arbeiten und etwas zu bauen.
Wir freundeten uns bald an und bauten dann gemeinsam vor meiner Höhle aus Stein und Lehm einen kleinen Backofen, um Brot darin zu backen.
Durch diese Arbeit ermutigt und weil es wirklich schön war, mit den Händen etwas Nützliches aufzubauen, entstand in mir der Wunsch, eine eigene Klause zu errichten und einen Ort zu schaffen, an dem ich in Ruhe verweilen und meditieren konnte, ohne ständig umzusiedeln.

Als erstes suchte ich meinen Lehrer auf, um ihn um seinen Rat und um seine Erlaubnis zu bitten. Er war sehr einverstanden und unterstützte das Vorhaben, wobei er auch meinte, dass ein gutes Fundament wichtig ist, wenn man ein Gebäude darauf errichten will. Er meinte damit nicht nur meine zukünftige Höhle, sondern auch die Meditationspraxis im Allgemeinen. Ich war hier dabei, an einem Fundament zu bauen, um etwas Größeres zu entwickeln, das mich auch später tragen konnte.
Wenn ich damals schon gewusst hätte, worauf ich mich einließ, hätte ich es vielleicht nicht getan, denn während des Baus kam ich mir manchmal vor wie Milarepa beim zweiten, dritten oder vierten Turm, mit zerschundenem Rücken, mit Schwielen an den Händen und mit schmerzenden Knien, nahe der Verzweiflung.
Oft hatte ich Hilfe beim Bau, oft aber war ich allein und musste mir all die Fähigkeiten aneignen, die nötig waren, um das Werk voranzubringen.

Als erstes hatte ich gelernt, wie man Feuer macht und Tee kocht, dann hatte ich gelernt, wie man in der Wildnis einen Jeep repariert, und jetzt musste ich lernen, eine Mauer aus Natursteinen einige Meter hoch aufzuziehen, und alles Material dazu mehr oder weniger mühsam aus der Umgebung zu beschaffen.
Es war nicht leicht, aber als das Werk vollendet war, war auch meine Seele ein Stück weit vorangekommen.
Die Arbeit ging dann etwa voran wie folgt.

Der Höhlenbau oder: Ein Stein, der sich wehrt

Jetzt war ich also so weit. Ich hatte die Energie, den Wunsch und die Möglichkeit, mir eine Einsiedlerklause nach eigenen Vorstellungen zu errichten.
Als erstes suchte ich einen geeigneten Bauplatz. Ich streifte um das Gebiet der bestehenden Höhlen und kam so immer höher und höher. Dann sah ich einen großen Felsen, der mir besonders gut gefiel, weil er bewachsen war. Eine Pflanze mit grünen Blättern und süßen Beeren hatte ihn zum Teil überwuchert. Als ich am Fuß des Felsens an-

gekommen war, erwartete mich ein sehr schöner Anblick. Ein natürlicher Felsengarten hatte sich hier gebildet, wie von unsichtbarer Gärtnerhand angelegt. Es gab Büsche und kleine Bäumchen, efeuartige Pflanzen und malerische Steine, die sich harmonisch zu einem Ganzen zusammenfügten. Dazu hatte der Platz eine gute Aussicht ins Tal, war aber so geschützt, dass man von unten aus kaum etwas sehen konnte.
Und dann war da noch etwas! Es gab Reste eines früheren „Höhlenbaus“, nämlich eine halb zerfallene Steinmauer und ein paar Teerreste am Felsen, die dazu gedient hatten, das Dach abzudichten. Hier hatte schon jemand gebaut, aber der Platz war offensichtlich seit vielen Jahren nicht mehr in Verwendung.
Ich setzte mich und verweilte einige Zeit an dem schönen Ort. Mein Entschluss war bald gefasst – ich wollte mich hier einrichten.
Ich stellte dann Nachforschungen an und erfuhr, dass der frühere Besitzer dieser Höhle mit einer schweren Krankheit in einem Pflegeheim war und sicher nicht wiederkommen würde. Auch die Inder des nahe gelegenen Dorfes würden gegen diesen Bauplatz nichts einzuwenden haben; schließlich hatte hier schon etwas gestanden. Das Land gehörte nämlich zum einen Teil der indischen Regierung als Forstland, zum anderen Teil wurde es von den Dörflern als Weide genutzt, und einmal im Jahr kamen die Frauen mit ihren Sicheln, um Gras zu schneiden und für den Winter als Heu zu bündeln. Ich brauchte also die Erlaubnis von dem alten Tibeter und von der indischen Familie, die für diesen Weideplatz „zuständig“ waren.
Das war zum Glück nicht weiter schwierig, denn durch meine Rolle als Fahrer und Assistent meines Lehrers hatte ich bei den Tibetern ein gewisses Prestige, und man wollte mir nichts abschlagen. Für das indische Dorf hatte ich kurz vorher mit dem rostigen Jeep eine neue Mühle herbeigeschafft, und auch hier kam man mir daher sehr freundlich entgegen.

Dann begann der Bau, der sich zwar nicht so lange hinzog wie der Klosterbau, aber trotzdem ganz schön viel Zeit in Anspruch nahm.
Ich hatte einige Zeit aufgewendet, alles gut zu überlegen. Es sollte einen hölzernen Zwischenboden geben, um aus der ärgsten Feuch-

tigkeit herauszukommen, und außerdem sollte der Raum eine gute Aussicht und schöne Fenster haben. Dann begann ich mit Augen- und Naturmaß meine Arbeit und holte mir dabei auch sachkundige Hilfe. Steine wurden grob gehauen und übereinander gelegt, das Fundament wurde ein wenig abgegraben, um die richtigen Dimensionen zu schaffen, und so wuchs der Bau allmählich heran, während ich meine eigenen Grenzen und den Charakter der Menschen kennen lernen konnte. Alles wurde hier mit reinen Naturmaterialien gebaut, und nur ganz zum Schluss, bei der Verbindung zwischen dem Blechstreifen des Daches mit dem großen Felsen, half mir ein „Experte", Karma Phuntsok, einen Streifen aus Beton zur Dichtung zu setzen.
Zum Bau der Türen und Fenster besorgte ich mir das Rohmaterial, also ein paar Holzstämme und Bretter, und ein Tischler aus der Gegend bearbeitete sie vor Ort mit Handsäge und Hobel. Es war beeindruckend für mich zu sehen, mit welcher Kunstfertigkeit er die Teile zusammen fügte: eine schöne Tür und schließlich sogar kunstvolle Fensterrahmen ohne einen einzigen Eisennagel.
Während er hobelte, fiel mir das schöne Hobellied von Nestroy ein, das ich dazu in meinem Geist summte:
„Da streiten sich die Leut' herum, wohl um den Wert des Glücks.
Der eine heißt den andern dumm, am End weiß keiner nix."
Zuletzt „verputzten" wir den Bau innen und außen mit Lehm, der mit etwas Kuhdung und klein gehacktem Gras durchsetzt war. Dadurch entstand eine sehr angenehme und freundliche Oberfläche.
Bei alldem gab es natürlich eine Unzahl von Hindernissen praktischer und anderer Art zu überwinden, aber ich will mich hier mit einem Beispiel begnügen.
Während des Baus mussten nämlich viele Steine gehauen und herbeigeschafft werden. Das einfachste war, einen nahe liegenden Felsblock mit einem schweren Hammer und Eisenkeilen aufzuspalten. Einige Steine waren auf diese Weise schon zerlegt worden, aber dann gerieten wir an einen Stein, der sich offensichtlich wehrte, zerlegt zu werden.
Mein Helfer war sonst sehr geschickt bei der Arbeit, aber diesmal sprang ihm der Keil mehrmals so weit davon, dass wir ihn lange suchen mussten. Schließlich verletzte er sich sogar, und ich spürte, dass

hier etwas nicht in Ordnung war. Wir machten eine kleine Pause, und dann versuchten wir es wieder. Aber jetzt kam es noch bunter. Wie aus dem Nichts tauchte plötzlich der Forstinspektor auf und erklärte, dass es streng verboten sei, in dieser Gegend Steine zu zerlegen. Überall in der Gegend wurden auf diese Weise Steine zerlegt, also, was wollte er wirklich? Hatte ihn der Fels zu Hilfe gerufen?
Denn nun konfiszierte der Beamte das Werkzeug und machte sich damit auf den Weg.
Ich muss hinzufügen, dass der Forstinspektor hier eine eigene Institution war. Um sich mehr Gewicht und Ansehen zu geben, war er immer mit einer Aktentasche ausgerüstet, die er durch das wilde Gelände trug, wo seine Hauptaufgabe darin bestand, die jung gepflanzten Bäume vor Beschädigung und die alten Bäume vor illegalem Abtransport zu bewahren.
Einmal war es jemandem gelungen, den Inhalt der Aktentasche kennen zu lernen. Es waren darin eine alte Zeitung, ein paar Jausenbrote und ein flacher Stein.

Ich eilte also dem Manne nach, und nun begannen die typischen Verhandlungen um den Preis, den es kosten würde, hier ungestört und mit wohlwollender Duldung der Forstverwaltung weiter zu bauen. Ich führte alle meine Argumente ins Treffen, so zum Beispiel, dass es hier immer eine Höhle gegeben hatte und dass hier kein einziger Baum beschädigt wurde usw., während er mir seine Wichtigkeit und den Wert seines Wohlwollens ebenso erklärte wie die strengen Regelungen auf diesem Berg. Wir einigten uns auf einen annehmbaren Kompromiss, und damit hatte ich endlich die notwendigen Formalitäten für den Bau meiner Klause abgeschlossen.
Wir übergingen den Stein, der sein Missfallen so deutlich gezeigt hatte, und arbeiteten an einem anderen weiter. Später fragte ich meinen Lehrer einmal nach der Sache, und er sagte, dass es schon vorkomme, dass ein Stein von einem geistigen Wesen bewohnt wird. Besonders hier in der Einsiedelei sollte man mit so etwas vorsichtig umgehen. Ich schaute daraufhin genauer nach und fand tatsächlich alte, fast nicht mehr sichtbare Mantras, die in den Stein eingehauen waren.

Ich setzte bei dem Bau also all mein Wissen und Können ein, um einen guten Platz zu schaffen, an dem auch ein Westler längere Zeit leben kann. Es gab im „Endausbau" einen hölzernen Zwischenboden und zwei Glasfenster mit einer guten Aussicht, so dass diese Klause den Beinamen „5 Star Cave" bekam. Außerdem wurde sie als „Hanisi-Pukpa" bezeichnet. Hanisi ist mein Vorname, Johannes, wie ihn die Tibeter aussprechen. Und *Pukpa* bedeutet „Höhle".
So war ich also zum offiziellen „Besitzer" einer Höhle im Himalaja geworden, und dieser Besitz hat mir eine Art Stammrecht verschafft, einen gleichwertigen Platz unter den Einsiedlern, der es mir erlaubte und bis heute erlaubt, immer wieder zu kommen und meinen Platz in der Gemeinschaft einzunehmen.
Diese Höhle ist, neben der tiefen Beziehung zu meinem Lehrer, meine ständige Verbindung zur Welt der Tibeter und meine ständige, fest gebaute Verbindung zur Welt der Mystik, zur Mystik im Alltag.

Einige westliche Menschen haben in ihr schon gewohnt und meditiert und ihre Qualitäten zu schätzen gelernt. Derzeit wird sie von zwei tibetischen Nonnen genützt, die sich hier fest eingerichtet haben.

Vergänglichkeit

Ich sitze mit Lhamkai, dem Franziskus des Berges, meinem nächsten Höhlennachbarn, vor seiner Klause. Er zeigt auf das kleine Feuer und auf den Rauch, der davon aufsteigt und sich rasch im Himmel verliert.

Mitabha, Vergänglichkeit –
eine der Grundwahrheiten des Buddhismus: die Einsicht in den steten Wandel unserer Welt.
Türen öffnen sich, Türen schließen sich: Zeiten und Gelegenheiten beginnen und enden auch wieder.
Es ist noch nicht lange her, da haben wir meinen Lehrer verabschiedet, der für längere Zeit nach Tibet gefahren ist, um seine alte Mutter noch einmal zu sehen. In der Kreisstadt, in der Busstation, haben

wir uns zuletzt gesehen, und der Abschied war von tiefen mystischen Erlebnissen begleitet. Dann hatte uns der rostige Jeep wieder in die Einsiedelei zurückgebracht, die uns allen jetzt ein wenig „leer" vorkam. Trotzdem ging das Leben weiter seinen gewohnten Gang, aber dann kam etwas Neues.
Der alte König, der Guru Rinpoche verbrennen lassen wollte, war anscheinend wieder erwacht, denn es gab zunehmend Schwierigkeiten mit der Fremdenpolizei. Es war die Zeit, in der die Engländer strenge Einreisebestimmungen für die Inder einführten, und als Antwort wurden nun viele westliche Menschen aus Indien vertrieben. So wollte man auch den heiligen Berg und die Höhlen von den „Ingis" säubern, und so war die Reihe zu gehen jetzt an mir.
Mitabha, Vergänglichkeit.

Ich hatte jetzt ein ähnliches Schicksal zu tragen wie die Tibeter, die ihr Land verlassen mussten, um in der Welt eine neue Heimat zu finden. Bei mir war es ähnlich und doch anders, denn meine Welt war Europa, war Österreich, meine Heimat.
Dorthin machte ich mich jetzt auf den Weg, um das, was ich in der Einsiedelei und in der Begegnung mit meinem Lehrer gelernt hatte, in das tägliche Leben des Westens zu integrieren: eine große Herausforderung und eine spannende Aufgabe.
Ich zog mich schon bald nach meiner Ankunft auf einen einfachen Bergbauernhof zurück, um hier die spirituelle Praxis fortzusetzen und sie allmählich und schrittweise auch im „öffentlichen Leben" wirken zu lassen. Das war wohl der Auftrag des Schicksals an mich, und ich nahm ihn an.
Es folgten viele Jahre des Aufbaus, des Versuchs, des Hin und Her. Endlich, nach acht Jahren, war ich so weit, dass ich wieder nach Indien zurückkehren und dort tatsächlich meine Höhle und nach einer halbjährigen Wartezeit auch meinen Lehrer wiedersehen konnte. Vieles hatte sich verändert, manches war gleich geblieben, aber jetzt war das Leben im Westen, das Hin und Her zwischen der Einsamkeit und dem alltäglichen Leben, zu einem selbstverständlichen Teil meiner Praxis geworden.
Aus dieser Verbindung, aus dieser Auseinandersetzung, aus dieser

Situation kommen die nun folgenden Gedanken und Geschichten: „Mystik im Alltag".

Mein Nachbar am Berg in Kärnten, auch ein Bergbauer, stammt aus einer entlegenen Gegend, hoch oben. Er hat mir erzählt, dass schon in seiner Jugend die alten Leute in seinem Dorf zu sagen pflegten: „Wenn man den wahren Glauben noch finden will, dann muss man ganz hoch auf die Alm und auf die Berge gehen."
Wenn er mich dann sieht und meine Geschichten hört, sagt er, dass es genau das ist, was die Alten gemeint haben:
Wenn man den wahren Glauben noch finden will, dann muss man ganz hoch hinauf in die Berge gehen. Von diesen Bergen, aus ihrer Reinheit und Nähe zum Himmel und zu den Wolken, kommen die Antworten, die die Menschen in der Ebene längst vergessen haben.

Mystik im Alltag,
der Geist Tibets geht in den Westen.

Wieder zurück

Der Europa-Schock

Die Geschichte vom vergifteten Regen

Es war einmal ein Land in den Bergen, in dem lebte ein König mit seinem Volk. Alles war wohlgeordnet, die Menschen waren freundlich zueinander und lebten in Frieden und Harmonie, während die Wirtschaft mit Leichtigkeit alles hervorbrachte, was die Menschen zum Leben und Feiern brauchten.

Alles schien in bester Ordnung, aber eines Tages kamen die Astrologen, die Schriftkundigen und die Seher des Landes zum König, um ihn zu warnen: Ein großes Unglück stehe dem Lande bevor, sagten sie, denn in einem Jahr werde vergifteter Regen über das ganze Gebiet fallen. Der kleinste Tropfen dieses Regens würde schon genügen, um seine unheilvolle Wirkung zu entfalten.

Wer von diesem Wasser trinke, der sterbe zwar nicht, aber dessen Geist verfinstere sich, so dass er die Dinge nicht mehr in ihrer richtigen Ordnung wahrnehmen könne.

Der König war von dieser Nachricht schwer betroffen. Was sollte er tun?

Der Regen war nicht abzuwenden, also konnte man nur versuchen, sich vorzusehen. So ließ er große Wasser-Vorratsbehälter für sich und seinen Hof im Bereich des Palastes bauen und wartete ab, ob sich die Prophezeiung erfüllen würde.

Die Zeit kam, der Regen kam, und nach kurzer Zeit verfinsterte sich der Geist der Menschen im Lande. Sie wurden zunehmend zänkisch und kurzsichtig, eigensinnig und verbohrt, ja geradezu verrückt. Das Leben und die Wirtschaft des Landes verloren allmählich ihren Glanz, und notdürftig wurde die Ordnung aufrechterhalten. Hätte es nicht die alten Sitten und die hervorragenden Grundstrukturen von früher im Land gegeben, die Menschen wären in größte Not geraten.

Aber nur der König und sein Hof nahmen überhaupt eine Veränderung wahr, da sie sich hüteten, von dem vergifteten Wasser zu trinken. Alle anderen bemerkten nichts und meinten, alles sei in bester Ordnung.
So verging die Zeit, und die Wasservorräte im Palast wurden immer kleiner. Einer nach dem anderen von den Hofleuten war gezwungen, wollte er nicht verdursten, auch von dem gewöhnlichen Wasser zu trinken; und so kam es, dass schließlich der König allein übrig blieb. Sein persönlicher Wasservorrat war groß genug, dass es bis an das Ende seines Lebens gereicht hätte. Aber nach einer Weile fühlte er sich so einsam und allein, dass er zuletzt selbst von dem vergifteten Wasser nahm, um wieder mit den Menschen seines Landes gleich zu werden und mit ihnen zu leben.

Die Tibeter erzählen diese Geschichte, um die hypnotische und ansteckende Wirkung der ewigen Wandelwelt des Samsara zu beschreiben.
Der vergiftete Regen, das sind der Egoismus und die Eigensucht; die Verdunkelung des Geistes sind die falschen Anschauungen wie der Materialismus oder der Nihilismus.
Jede große Kultur erhebt sich aus dieser Verdunkelung des Geistes und arbeitet sich hoch, indem immer mehr Menschen aufwachen, zusammenarbeiten und einen Palast von Wahrheit und Güte entwickeln.
Aber oft fällt wieder vergifteter Regen, und die Kultur sinkt zurück. Friedrich Nietzsche hat diesen Vorgang als „Dekadenz" bezeichnet. Nur manche Menschen nehmen ihn deutlich wahr, denn wer von dem vergifteten Wasser getrunken hat, sieht nur noch sich selbst und keine Zusammenhänge mehr. Trotzdem bleibt eine Ahnung und eine Erinnerung an den wirklichen Zustand erhalten; eine Ahnung, die sich zum Beispiel als das „Unbehagen in der Kultur", wie es Freud nennt, oder als der „ganz normale Wahnsinn" ausdrückt.
„Die spinnen, die Römer!", sagt sehr treffend Obelix, und meint damit natürlich unsere moderne Welt, und auch der Kleine Prinz stellt bei seinen Besuchen auf den verschiedenen Planeten, auf denen allzu menschliche Qualitäten unserer neuen Zeit dargestellt werden, fest: „Die großen Leute sind entschieden sehr, sehr seltsam!"

In der großen Literatur findet man natürlich ebenfalls Hinweise auf diesen Zustand. Arthur Schnitzler schreibt zum Beispiel in seinem Stück *Professor Bernhardi*:

„Wenn man immerfort das Richtige täte, oder vielmehr, wenn man nur einmal in der Früh, so ohne sich's weiter zu überlegen, anfing, das Richtige zu tun und so in einem fort den ganzen Tag lang das Richtige, so säße man sicher noch vorm Nachtmahl im Kriminal."

Und zuletzt seien noch neben vielen, vielen anderen die Worte des großen Naturbeobachters Konrad Lorenz genannt, der über unsere Zeit schreibt:

„Der fortschreitende Verfall unserer Kultur ist so offensichtlich pathologischer Natur, trägt so offensichtlich die Merkmale einer Erkrankung des menschlichen Geistes, dass sich daraus die kategorische Forderung ergibt, Kultur und Geist mit der Fragestellung der medizinischen Wissenschaft zu untersuchen."

Der Europa-Schock

Nach einigen Jahren der Einsiedelei war ich aus verschiedenen Gründen wieder nach Hause zurückgekommen. Ich hatte mich schon sehr darauf gefreut, meine Heimat wieder zu sehen, aber als ich dann wirklich da war, erlebte ich einen großen Schock.
Dieser Schock ist als „Europa-Schock" bekannt und widerfährt vielen Menschen, die längere Zeit in einem anderen Kulturkreis oder in einem anderen Lebensraum verbracht haben. Ich konnte meine eigene Heimat und meine eigene Kultur so sehen, wie sie ein Fremder wahrnimmt, der zum ersten Mal hierher kommt; und gleichzeitig war mir ja alles bekannt und vertraut. Also zwei Wahrnehmungen gleichzeitig, die in meiner Seele einen scharfen Kontrast bildeten.
Was also gab es vor allem zu sehen:
Der Reichtum in unserem Land ist unglaublich, unfassbar.
Alles ist sauber, alles funktioniert, alles ist im Überfluss vorhanden. In den Auslagen der Geschäfte sieht man die wunderbarsten Dinge, gut gekleidete Menschen durchziehen scharenweise die

Straßen, offensichtlich hat jeder, was er braucht, und mehr als das. Aber neben diesem ungeheuren materiellen Reichtum gibt es noch etwas anderes. Denn alle Menschen, mit ganz wenigen Ausnahmen, sehen hier unglücklich und gehetzt aus, so als würden sie niemals richtig zur Ruhe kommen. Man sieht keine Gelassenheit, man sieht kein Glück, sondern hauptsächlich Anspannung, so als wären alle Menschen von einer ansteckenden, geistigen Krankheit befallen.
Vieles ist hier erreicht, wovon andere Kulturen nur träumen können, dazu gibt es eine gewaltige Freiheit und großartige Möglichkeiten zur Entwicklung der eigenen Person. Aber zugleich liegt ein schwerer Schatten über diesem Bild, der jedem auffällt, der mit offenen Augen und offenem Herzen hierher blickt.
So meint etwa der Psychologe C. G. Jung über unsere Kultur:
„Wir bedürfen heute der Psychologie aus vitalen Gründen. Man steht perplex, verdummt und ratlos vor dem Phänomen des Nationalsozialismus und Bolschewismus, weil man nichts vom Menschen weiß oder doch nur ein halbseitiges und entstelltes Bild von ihm hat. Hätten wir Selbsterkenntnis, so wäre das nicht der Fall. Vor uns steht die furchtbare Frage nach dem Bösen, und man weiß es nicht einmal, geschweige denn eine Antwort."
Dieser Schatten hat natürlich mit dem Geist der Menschen zu tun, mit der Psychologie und der Religion. Die äußeren Aspekte des Schattens sind uns mehr oder weniger bekannt. Es ist die grobe Ungerechtigkeit in der Verteilung der Güter auf der Welt, es ist die Zerstörung der biologischen Lebensgrundlagen, besonders durch die rücksichtslose Verbrennung des Erdöls und den dadurch herbeigeführten Klimawandel. Die Scheidungsraten haben hierzulande ein epidemisches Ausmaß angenommen, und die Beziehungsfähigkeit der Menschen ist offenbar schwer gestört. Die äußeren Aspekte des Vorgangs sind also mehr oder weniger bekannt und erforscht.
Ganz anders sieht es aber auf dem spirituellen Gebiet aus. Das „geistige Ozonloch" breitet sich mit beängstigender Geschwindigkeit aus, der globalen Erwärmung der Temperaturen steht ein globales Erkalten der Herzen gegenüber. Niemand legt die Grenzwerte der seelischen Belastbarkeit fest oder wagt es, dem Turbokapitalismus Zügel anzulegen.

Was also ist zu tun?
In unserer Kultur wuchern heute die Meditations- und Wellnesszentren. Buddha-Statuen findet man überall, sei es in den Haushalten, in Restaurants oder auf Werbeplakaten. Aber der Import einer fremden Spiritualität kann natürlich nicht die Lösung sein.
Was unsere Kultur braucht, sind nicht Zentren oder Organisationen, was unsere Kultur braucht, sind Menschen mit einem großen und warmen Herzen. Es sind Menschen, die ein Netzwerk von „Wärmezentren" bilden, das unsere Gemeinschaft heilsam durchzieht. Es braucht in jedem Dorf, in jeder Stadt eine Handvoll Menschen, bei denen man sich seelisch erwärmen und aufrichten kann. Nur so kann der Schatten von unserer Kultur weichen, können die Menschen geheilt werden von ihrer rastlosen Suche ohne Ziel.
Das war früher die Aufgabe der „Seelsorge", die aber im letzten Jahrhundert immer mehr zerfallen ist. Die Psychotherapie ist kein vollwertiger Ersatz, denn sie erreicht nicht die spirituellen Tiefen, die für die heutige Krise verantwortlich sind und denen der einzelne Mensch wohl kaum gewachsen ist.
Das heißt, die „Heilung" unserer Kultur bedeutet ein Wiederbeleben unserer abendländischen, christlich-spirituellen Wurzeln.
Das bedeutet natürlich nicht eine Rückkehr ins Mittelalter oder zur Vorherrschaft von Kirche und Adel. Vielmehr bedeutet es eine Rückkehr zum Wahrnehmen des lebendigen Seelengrundes des heutigen Menschen und zu seiner Verwandlung und Erlösung.
Der christliche Impuls ist dazu fähig. Aber er darf nicht im Ritual erstarren oder als Privatbesitz einer Institution vermarktet werden.
Das Problem ist die überstürzte „Ich-Entwicklung". Gerade erst haben wir uns aus der Kindheit, aus der Unselbstständigkeit und aus der Abhängigkeit befreit. Jetzt geht es darum, die Pubertätskrise zu überwinden und eine stabile, verlässliche und reife Persönlichkeit auszubilden. Für diese Persönlichkeit braucht es eine neue Spiritualität, eine neue Mystik.

Mystik im Alltag bedeutet die Entwicklung dieser Mystik.

Leerheit im Alltag

Heitere Gelassenheit und richtige Anschauungen

Weisheit und Methode, Leerheit und Bodhicitta sind die beiden Seiten der Meditation, die beiden Seiten der Verbindung von Christentum und Buddhismus und die beiden Seiten der Mystik im Alltag.

Leerheit bedeutet die direkte Verbindung zur Transzendenz, der offene Blick auf die Welt, ohne ein störendes, aufgeblasenes Ego, und das Loslassen von fest gefügten Vorstellungen und Plänen.

Die Qualitäten dieser Sicht sind: heitere Gelassenheit, brillante Geistesgegenwart und ein subversiver Humor, der niemals in Zynismus abgleitet.

Das klingt alles sehr schön, ist aber natürlich nicht so einfach. Man muss schon recht gut im Geist verwurzelt sein, um in den Wellen des Alltags nicht den Boden unter den Füßen zu verlieren. Man muss sich über die Natur des eigenen Geistes weitgehend im Klaren sein, damit man sich nicht verwirren lässt und nicht in eine der zahllosen Fallen unseres geschickten Egos geht.

Die Hauptaktivität des Egos scheint mir darin zu bestehen, sich selbst und damit auch uns dauernd zu beschäftigen und in Atem zu halten. Es ist unglaublich, wie viele Projekte wir ständig starten, von denen wir selber genau wissen, dass sie zu nichts führen als zu zusätzlicher und unnötiger Aktivität. Wir suchen uns Ablenkungen, Unterhaltungen aller Art, Arbeiten aller Art, und reden uns dabei ein, dass sie alle gut und notwendig sind, auch wenn wir dadurch für nichts mehr Zeit haben.

Die Weisheit besteht hier darin, zu einer gelassenen Grundhaltung zurückzukehren, die uns innerlich erfüllt und zu sinnvollen und aufbauenden Tätigkeiten führt, ohne dass wir uns dabei nach außen verlieren und in einem Strudel hektischer Tätigkeiten versinken. Diese

innere Gelassenheit wirkt wie ein Schutz, breitet sich aus und entwickelt ihre eigene Dynamik, die uns immer kräftiger auf diesem Wege macht.
Langsam verschwindet der Berg unerledigter Aufgaben, und besonders verschwindet der Berg der hochfliegenden Ansprüche und Projekte. Übrig bleiben die einfachen Dinge, die sich mit einfachen Mitteln bewältigen lassen.
Dann kann man mit den Problemen, die das Leben selbst stellt und die unweigerlich kommen, besser umgehen.

Dazu fällt mir wieder eine Geschichte ein.

Solve every problem!

Nach einigen Jahren der Einsiedelei war ich wieder in den Westen zurückgekehrt.
Ich hatte es mir aber zur Gewohnheit gemacht, meinen tibetischen Lehrer immer wieder im Himalaya aufzusuchen.
Auch er war inzwischen in den Westen gekommen und hatte an verschiedenen Orten gelehrt.
Unter anderem hatte er eine Vortrags-Tournee in den Vereinigten Staaten gemacht und dort einige englische Brocken aufgeschnappt, auf die er sehr stolz war und die er sehr geschickt einsetzen konnte.
Mein Lehrer ist ein Meister der Mahamudra-Tradition. Das Besondere an dieser Tradition ist, dass sie den Menschen in allen Situationen, seien sie noch so alltäglich, an sein tieferes Wesen erinnert, an eine Ebene, die jenseits von Gewinn und Verlust, von Erfolg und Misserfolg liegt.
Ich war also wieder zu Besuch bei ihm.
Wir saßen in seiner Klause, und von unseren Tassen stieg der heiße Dampf auf. Es gab wie üblich Buttertee und Tsampa.

Ich erzählte von meiner Zeit im Westen und sagte dabei, dass es zunächst große Schwierigkeiten gegeben hätte.
In letzter Zeit seien die Dinge aber schon sehr gut gelaufen, und so sagte ich mit ein wenig Stolz in der Stimme, dass die größten Probleme

jetzt alle gelöst seien.
Mein Lehrer sah mich freundlich an, dann begann er herzhaft zu lachen und sich auf die Schenkel zu klopfen.
Dazu sagte er in seinem unnachahmlichen Tibetisch-Englisch:

Solve every problem,
then new come!

„Lös' jedes Problem,
dann kommen neue!"

Ich glaube, ich brauche nicht hinzuzufügen, dass er Recht behielt.
Aber immer wenn ein neues Problem kommt, erinnern sich meine Frau und ich an sein Mahamudra-Gedicht, und wir müssen bei allem Ärger ein wenig schmunzeln.
Hier wie am Dach der Welt:

Solve every problem,
then new come!

Bodhicitta im Alltag

Auch ein Funken des Erleuchtungsgeistes ist erleuchtet

Es gibt aufbauende Kräfte in der Welt des Geistes, und es gibt zerstörende. Je nachdem, mit welchen Kräften wir uns verbinden, wird unser Leben aussehen und werden wir Erfolg oder Misserfolg ernten. Das geht natürlich nicht sofort, und Erfolg und Misserfolg werden nicht an materiellen Werten gemessen, sondern am Zustand der Seele.

Kurz gesagt: Herzliches Handeln, getragen vom Erleuchtungsgeist, ist aufbauend, während egoistisches und selbstbezogenes Handeln uns den schädlichen Kräften des Universums aussetzt. Wir haben immer die Wahl, ob wir in einer Situation auf das Ganze schauen wollen oder ob wir sie nur von unserer eigenen Perspektive aus betrachten. Bodhicitta ist voller Weisheit und Einfühlungsvermögen. Sie hilft, wo sie kann, sie schützt, wo sie kann, und sie fördert alle guten Entwicklungen. Dabei achtet sie aber immer auf den Zusammenhang und vermeidet das, was die Tibeter *Idiot-Compassion,* also „idiotische Nächstenliebe" nennen.

Nicht jede Tätigkeit, die altruistisch aussieht, hilft wirklich, und manchmal stiftet der Einsatz am falschen Platz mehr Schaden als Nutzen. Es gibt das Helfersyndrom und viele andere Zerrformen der guten Absicht, wenn sie ohne die Weisheit, ohne die ständige Verbindung zur Transzendenz versucht und geübt werden.

Man müsste also erleuchtet sein, um richtig helfen zu können und ganz im Geiste von Bodhicitta zu handeln.

Glücklicherweise ist es so, dass schon ein Funke des Erleuchtungsgeistes genügt, um alle guten Qualitäten dieser Haltung hervorzurufen und damit den ganzen Strom der Unterstützung aufzurufen und Hilfe zu bekommen.

Deswegen sagt Khunu Rinpoche:

Selbst wenn ein Diamant zerbricht,
hört man nicht auf, ihn einen Diamanten zu nennen.
Ebenso hören sogar Funken von Bodhicitta
nicht auf, Bodhicitta genannt zu werden.

Überall in unserer alltäglichen Welt begegnen wir solchen Funken. Sie alle zeigen etwas von der wahren Natur des Menschen und der wahren Natur der Wirklichkeit. Unser Leben wird reich durch die Begegnung mit solchen Funken, und unsere Kultur und Gesellschaft werden von ihnen gehalten und geheilt. Sie sind gewöhnlich nicht sehr auffällig, weisen aber auf einen Boden, einen tragenden Grund hin, mit dem wir uns immer in Verbindung setzen können.
Mystik im Alltag bedeutet, immer wieder auf diesen Grund zurückzukehren und aus seiner Inspiration und Kraft heraus zu handeln. Diese Handlungen tragen das Siegel der Nächstenliebe und der selbstlosen Hilfe, gepaart mit einer tiefen Einsicht in die wirkliche Situation, so wie zum Beispiel neulich.

In der Straßenbahn

Wir fahren mit der Straßenbahn in Wien. Es geht den Ring entlang, viele Menschen, prachtvolle Gebäude und ein reges Treiben. Der Wagen hält, die Türen öffnen sich, und ein älterer Mann kämpft sich die Stufen hoch. Eine Frau steht auf und bietet dem Alten einen Platz an, damit er bequem sitzen kann, wenn sich der volle Wagen wieder in Bewegung setzt.
Voller Würde lehnt er ab. Nein, ein Kavalier der alten Schule kann keinen Platz von einer Dame annehmen. Eher sollte es umgekehrt sein. Und so bleibt er stehen.
Bei der nächsten Station steht die Frau wieder auf; sie muss jetzt aussteigen, sagt sie, und der Mann setzt sich, sichtlich erleichtert, denn das Stehen fällt ihm schwer.
Wir haben die Szene vom hinteren Teil des Wagens aus beobachtet und sehen gespannt zu, was jetzt passiert. Denn die Frau steigt aus, geht nach hinten, sieht sich um und steigt schließlich in den Beiwa-

gen ein. Sie wollte dem alten Herrn helfen, seine Ehre und Selbstachtung zu bewahren, und tut dies mit höchstem Feingefühl, in einer alltäglichen Situation, ganz selbstverständlich und ohne die Erwartung auf Anerkennung oder Dank. Einfach so!

Dieser Geist ist unserer Kultur nicht fremd. Es ist der christliche Glaube in seinen schönsten Ausprägungen und in seiner natürlichsten Form. Es ist die Anwendung der Bergpredigt in der Praxis.

Dieser Geist wird bei uns seit vielen Jahrhunderten und sogar Jahrtausenden gepflegt und ist tief in unser Wesen eingedrungen, so dass er ganz natürlich wirkt.

Worauf hier hingewiesen wird, ist die spirituelle Seite und die mystische Bedeutung dieser Haltung.

Es ist heute üblich geworden, aus der Vernunft oder der Moral her zu handeln, was immer ein gewisses Maß der Selbstüberwindung erfordert. Es gibt gute Gründe, altruistisch zu handeln, und es gibt gute Gründe, die Regeln der Moral einzuhalten.

Das geht allerdings nur bis zu einem gewissen Grad gut, dann überfordern uns die hohen Ansprüche der Bergpredigt, und wir beginnen, Kompromisse zu machen, oder geben ganz auf.

Mystik im Alltag bedeutet, zu den Wurzeln zurückzukehren, zum Ursprung des Erleuchtungsgeistes, der ohne Anstrengung das Rechte tut, einfach weil es seinem Wesen entspricht.

Der alte List

Ein gutes Beispiel für ein natürlich gelebtes Mitgefühl ist die Geschichte vom alten List.

Ich lernte ihn kennen, als ich auf der Suche nach einem guten Schlafsack war, den ich für das Leben in einer ungeheizten Höhle des Himalajas dringend brauchte.

Er war ein altes Wiener Original, ein Handwerker mit Leib und Seele, der sich auf Daunen spezialisiert hatte. Er war auf diesem Feld unübertroffen, und Kunden kamen zu ihm aus aller Welt. Er rüstete Expeditionen aus, verkaufte warme Mäntel für die Jagd, war aber auch bereit, eine einfache Daunendecke zu reparieren oder neu zu füllen.

Seine Geschichte war die: Er war im Krieg in russische Gefangen-

schaft geraten und nach Sibirien gekommen, wo er jahrelang erbärmlich frieren musste. In dieser Zeit fasste er den Entschluss, wenn er mit dem Leben davonkäme, dann wollte er den Rest seiner Jahre damit verbringen, dafür zu sorgen, dass niemand mehr frieren muss. Aus dieser Motivation heraus begann er sein Handwerk, und man spürt diesen Geist in all seinen Stücken.
Der Schlafsack hat mir unschätzbare Dienste geleistet, und ich habe ihn heute noch. Von ihm stammt auch das kleine Daunenjackett, das mir im Schneesturm das Leben gerettet hat.
Solche Menschen und eine solche Motivation sind von hohem Wert für das geistige Klima einer Gemeinschaft und natürlich auch für den Schutz gegen die Kälte.

Eine dritte Geschichte soll zeigen, dass sogar der Buddhismus den Erleuchtungsgeist im Alltag höher schätzt als das Ideal des allein lebenden Mönchs am Weg zur Erleuchtung.

Der Korbflechter

In alter Zeit lebte in Indien ein buddhistischer Mönch, der allein im Wald meditierte und manchmal das nahe gelegene Dorf mit einer Bettelschale aufsuchte.
Bei einem dieser Besuche sah ihn ein junges Mädchen, das von der schlanken Gestalt und von dem edlen und würdevollen Wesen des Mönchs so angezogen war, dass es sich heftig in ihn verliebte. Ihre Eltern, ja das ganze Dorf versuchten ihr zuzureden, von dieser unsinnigen Liebe abzulassen, aber je öfter sie den jungen Eremiten sah und je mehr man ihr zuredete, desto größer wurden ihre Liebe und Leidenschaft. Zuletzt sah sie keinen anderen Ausweg mehr, als sich selbst zu töten.
Als der Mönch davon erfuhr und sah, dass sie es ernst meinte, überlegte er bei sich: Ich habe die Mönchsgelübde abgelegt, also darf ich nicht heiraten. Auf der anderen Seite habe ich auch den Bodhisattva-Eid abgelegt, der mich verpflichtet, allen fühlenden Wesen zu helfen. Diese zweite Regel ist für mich ausschlaggebend, denn ich kann nicht zulassen, dass sich diese junge Frau wegen mir selbst tötet.

So willigte er in die Heirat ein, zog in das Haus seiner Schwiegereltern und begann, seinen Lebensunterhalt als Korbflechter zu verdienen, wie es in dieser Familie üblich war.
Er war schon weit genug auf dem Weg fortgeschritten, so dass er seine Meditation in den Alltag und in die Liebe zu seiner Frau mitnehmen konnte. Er las ihr jeden Wunsch von den Augen ab, und sie dankte ihm dafür mit ihrer hingebungsvollsten Liebe. Gleichzeitig gedieh das Gewerbe, denn es hieß von den Körben, die der Mönch sorgfältig erstellte, sie seien besonders haltbar und brächten auch Glück ins Haus.
Nach seinem Tod gelangte der Mönch, der seine Gelübde gebrochen und geheiratet hatte, ins „Reine Land“, wo er von Amitabha, dem Buddha des Mitgefühls, empfangen wurde. Dieser lobte sein Verhalten, indem er sagte: „Du hast richtig gehandelt. Der geistige Weg besteht nicht im Einhalten von Regeln oder im asketischen Leben, sondern in der Pflege des Mitgefühls.“

Vertrauen

Die unsichtbaren Gesetze der Wirklichkeit

Das Vertrauen in die Güte der Wirklichkeit ist eine sehr aufbauende Kraft, die uns aber in den Widrigkeiten des Alltags leicht abhanden kommt. Oft sieht es so aus, als hätte sich alles gegen uns verschworen und wir müssten unseren Weg mühsam erkämpfen.

Mystik im Alltag bedeutet, dass wir die großen Rhythmen und Zusammenhänge der menschlichen Entwicklung erkennen, auf ihren Sinn aufbauen und an der Entwicklung mitarbeiten, anstatt sie abzulehnen und ihre unangenehmen Seiten zu fürchten.

Bei den Tibetern ist es der spirituelle Freund, der Lehrer, der einem hilft, dieses Vertrauen aufzubauen und trotz aller Rückschläge zu bewahren. Er erinnert an die Wirklichkeit und an die Verlässlichkeit der Gesetze der geistigen Welt, und in seiner Person kann man direkt die Güte und die liebevolle Fürsorge für unser Wesen erfahren, eine dauernde Unterstützung, die uns auf unserem Lebensweg führt.

Bei den Christen nennt man dieses Vertrauen den Glauben, die Hoffnung und die Liebe. Der Glaube an Gott und seine Vorsehung erinnert an den tragenden Grund, an die unsichtbaren Linien einer geistigen Verbindung jenseits aller materiellen Zusammenhänge.

In der modernen Welt der Flugzeuge, der geregelten Arbeitszeit, der dauernden staatlichen Kontrolle und des Wartens auf die Pension scheinen diese Zusammenhänge aber stark in den Hintergrund gerückt zu sein. Trotzdem wirken sie auch hier, sogar in ganz alltäglichen Situationen, wie ich auf einer meiner letzten Reisen erfahren konnte.

Nimm noch einen zweiten –
oder: Der Teppich mit dem Drachen

In der tibetischen Mahamudra-Tradition gibt es zwei Arten von Belehrungen: offizielle und inoffizielle.
Die offiziellen Belehrungen kann man aufschreiben und studieren. Sie stehen in den Büchern und Texten und werden auch bei den mündlichen Belehrungen ausgiebig verwendet.
Sie sind sehr wichtig und bilden scheinbar das Rückgrat der Tradition.
Aber dann gibt es auch noch die inoffiziellen Belehrungen, geschickt gestaltete Situationen des Alltags, in denen wie nebenbei das Wesentliche übertragen wird.
Und auf diese Belehrungen kommt es wirklich an!
Hier wirkt nämlich das Wesen des Lehrers direkt auf den Schüler, ohne die Brücke der Sprache oder des Verstandes, einfach aus der lebendigen Situation heraus. Hier werden direkt die Schwächen des Schülers angesprochen, erschüttert und aufgelöst, um das wahre Wesen hervortreten zu lassen.
Diese glücklichen Momente sind es, in denen die Wirklichkeit auf einmal ganz da ist, ganz menschlich, ganz individuell und zugleich mit höchster Präzision.
Von so einer Übertragung möchte ich jetzt erzählen.

Ich war wieder in den Westen zurückgekehrt, hatte es mir aber zur Gewohnheit gemacht, jedes Jahr etwa einen Monat in die Einsiedelei zurückzukommen, um intensiv zu üben.
Jetzt war das Ende dieses Monats gekommen, und ich suchte meinen Lehrer auf, mich von ihm zu verabschieden.
Der Anfang und das Ende solcher Retreats sind sehr wichtige Zeiten. Hier kristallisiert sich das Wesentliche heraus, die großen Übergänge, die tieferen Linien der Entwicklung.
Gewöhnlich bat ich meinen Lehrer an dieser Stelle, die wesentlichen Belehrungen für das kommende Jahr kurz zusammenzufassen, auch wenn ich schon genau wusste, was er sagen würde, denn es war immer dasselbe.

Nachdem der offizielle Teil abgeschlossen war, begann mich mein Lehrer mit Abschiedsgeschenken zu überhäufen. Er gab mir einen Sack Tsampa für die Reise und daheim, Chura, tibetischen Käse, und einige andere kleine Dinge. Dann fragte er mich, ob ich nicht einen Teppich mitnehmen wolle.
Allmählich wurde die Sache für mich bedenklich. Ich hatte schon jetzt ziemlich viel Gepäck, und im letzten Jahr hatte ich am Flughafen einige sehr unangenehme Erlebnisse und hohe Kosten durch das Übergepäck gehabt.
Trotzdem sagte ich Ja, weil ich meinem Lehrer nichts abschlagen wollte.
Außerdem dachte ich, er meinte einen kleinen, handlichen Meditationsteppich, wie ich sie früher schon von ihm bekommen hatte.
Eine der Nonnen holte also das Geschenk und rollte es vor uns aus. Es war ein prächtiger tibetischer Teppich mit einem Drachenmotiv; wunderschön, aber riesengroß!
Wie sollte ich dieses Ding nur um die halbe Welt transportieren?
Als mein Lehrer meine Bestürzung bemerkte, lächelte er nur freundlich und sagte dann:

Nimm noch einen zweiten – für deine Frau!

Was blieb mir anderes übrig, als mich in mein Schicksal zu fügen und die Geschenke anzunehmen, die ich nur mit Hilfe eines Trägers den Berg hinunterbrachte.
Unterwegs überlegte ich die Sache hin und her. Ich sah mich schon beim Einchecken am Flughafen und dann beim Zoll mit den riesigen Dingen;
und ich war schon drauf und dran, sie hier in Indien weiter zu schenken.
Aber dann fiel mir ein, dass es Gaben meines Lehrers waren und dass er mir zu den Teppichen sicher auch den Segen gegeben hatte, sie gut heimzubringen.
So überwand ich alle Zweifel und machte mich auf alles gefasst.
Schließlich stand ich am Schalter der Fluggesellschaft in Delhi und rechnete schon aus, was mich das Übergepäck ungefähr kosten würde

oder was es sonst für Komplikationen geben könnte, als mich der Beamte freundlich anlächelte und fragte, ob ich nicht erster Klasse fliegen wolle.
Ich war so verblüfft, dass ich nur stumm nicken konnte.
Immer wenn ich jetzt auf dem Teppich sitze, ist er wie eine Erinnerung daran, dass der Segen und die Kraft des Geistes überall wirken, sogar hier im Westen, und dass die Zweifel unseres planenden Verstandes manchmal einfach fehl am Platze sind.

Es fällt uns sehr schwer, immer wieder das nötige Vertrauen aufzubringen. Wir wollen uns doch lieber absichern und die mühsam erworbene Kontrolle nicht aus der Hand geben. So oft sind wir von falschen Autoritäten enttäuscht worden, und das Misstrauen gegen unsichtbare Kräfte oder unklare Versprechungen ist wohl begründet. Trotzdem besteht die Mystik im Alltag darin, an der rechten Stelle und in der rechten Weise seine eigenen Vorstellungen und sein eigenes Planen einer größeren Wirklichkeit zu unterstellen oder dies zumindest für möglich zu halten.

Tendrel, das abhängige Entstehen

Ereignisse wie mein Erlebnis am Flughafen in Delhi sind kein Zufall, sondern der Ausdruck von Zusammenhängen, die uns im Allgemeinen entgehen. Es ist natürlich schwer, Kausalketten ausfindig zu machen, die vom Segen eines Einsiedlers am Berg bis zum Schalter einer Fluggesellschaft reichen; aber es geht hier um Zusammenhänge anderer Art. Es sind Zusammenhänge, die in ihrer Weise genauso verlässlich wirken wie die Naturgesetze unserer heutigen Wissenschaft. Immer mehr Anzeichen deuten darauf hin, dass in der modernen Wissenschaft eine neue Sicht der Wirklichkeit im Entstehen ist; eine Sicht, in der auch nicht-kausale Zusammenhänge eine Rolle spielen. Ein neues Paradigma wird gerade geboren, das in vielen verschiedenen Disziplinen gleichzeitig Gestalt annimmt. So entsteht zum Beispiel in der Systemtheorie eine neue Sicht der Lebensvorgänge und der globalen Zusammenhänge, die der tibetischen Sicht des abhängigen Entstehens, dem Tendrel, immer näher zu rücken scheint.

Tendrel: „abhängiges Entstehen", wie es gewöhnlich übersetzt wird, bedeutet, dass alle Dinge und Ereignisse im Universum miteinander in Verbindung stehen. Es ist eine der Grundansichten des Buddhismus, eine Wahrnehmung der Welt und der Wirklichkeit, die sehr tief geht und die sich jahrtausendelang bewährt hat. Alles ist von einander abhängig, alles ist miteinander verwoben wie ein großes, viel-dimensionales Geflecht oder wie ein wunderschöner Teppich. Hebt man eine Seite oder eine Faser, so gehen alle anderen mit.

Diese Wahrnehmungsweise ergänzt die Sicht der physikalischen Kausalität, schließt sie ein und geht weit über sie hinaus. Es ist das Gesetz von „Ursache und Wirkung", das sich nicht nur auf die sichtbaren Dinge dieser Welt, sondern auch auf alle geistigen Zusammenhänge, Ereignisse und natürlich auch auf den menschlichen Schicksalsstrom bezieht. Es gibt hier Zusammenhänge feiner und subtiler Art, die keineswegs zufällig sind. Ganz klare und nachvollziehbare Gesetze wirken in diesem Bereich, und der, der mit ihnen umgehen kann, kann sich in der Welt und der Wirklichkeit so sicher bewegen, wie wir heute mit den Mitteln der Wissenschaft Dinge zu Stande bringen, die man früher für unmöglich gehalten hat.
Tendrel ist die Grundlage und das Wesen der Moral, der „karmischen" Zusammenhänge, der Meditationen und Gebete, also kurz gesagt aller Beziehungen, in denen sich das menschliche Wesen bewegt und entfaltet. Hier wirken die Gesetze der Liebe, der menschlichen Gemeinschaft und der Religion.

Geh' etwas früher!

Augustinus hat einmal gesagt, dass die Wunder nicht die Naturgesetze aufheben, sondern nur das, was wir von den Naturgesetzen wissen.
In meiner tibetischen Einsiedelei hatte ich öfter Gelegenheit zu sehen, dass das stimmt. Es gab fast jeden Tag ungewöhnliche Ereignisse zu beobachten, aber immer waren sie sinnvoll und hilfreich – eben das Natürlichste der Welt.

So musste ich etwa einmal nach Delhi reisen, um mein Visum zu verlängern.
Es war allerhöchste Zeit, aber ich hatte alles genau berechnet.
Ich musste nur den Nachtbus erreichen, der von der nahe gelegenen Kreisstadt abging, dann würde alles gut gehen.
Jetzt war es Mittag.
Ich suchte also meinen Lehrer auf, um mich von ihm zu verabschieden und um seinen Segen für die Reise zu bitten.
Er war wie immer sehr freundlich und hilfreich und beim Abschied sagte er noch nebenbei:
„Geh' etwas früher hinunter!"
Ich achtete nicht weiter auf seinen Rat, sondern packte in aller Ruhe meine Sachen und machte mich dann auf den Weg. Ich wusste, der Bummelbus von der kleinen Ortschaft unterhalb unserer Einsiedelei ging um sechs, und den würde ich leicht erreichen.
Tatsächlich kam ich gut unten an und wartete und wartete; aber nichts geschah.
Der Bus war heute ausgefallen!
Hatte mein Lehrer das gewusst?
Hatte er deshalb gesagt: Gehe etwas früher?
War er allwissend?
Für mich war die Situation jedenfalls sehr schwierig. Den Nachtbus nicht zu erreichen konnte heißen: das Visum verlieren.
Was blieb mir also übrig, als mein Planen aufzugeben und es in der „tibetischen" Weise zu versuchen.
Nach einem Augenblick der Reue, dass ich nicht auf meinen Lehrer gehört hatte, richtete ich ein intensives Gebet an den Himmel. Und wirklich, kurze Zeit später hielt ein Jeep in unserem Bergdorf. Ich fragte, ob man mich mitnehmen könnte, und war gleich darauf wieder am rechten Weg.
Ich erreichte den Nachtbus und konnte tatsächlich mein Visum verlängern.

Gott sei Dank!

Das Visum

Oder: Wie führt ein Stück Seife ins indische Innenministerium?

Es war schon recht mutig, um nicht zu sagen verwegen, worauf ich mich da einließ.
Ich war mit einem Dreimonatstouristenvisum nach Indien gekommen und hatte es in der Kreisstadt auf ein halbes Jahr verlängern lassen – und dabei die unfreundliche Fremdenpolizei kennen gelernt: Hier war kein weiterer Aufschub zu erwarten, und ich musste mein Glück in Delhi versuchen.
Dazu hatte sich schon etwas vorbereitet:
Bei meiner zweiten Ankunft in Indien war ich nämlich wieder in Kalkutta gelandet und hatte dann eine Wallfahrt nach Bodhgaya gemacht, den Ort, an dem der Buddha vor 2.600 Jahren die Erleuchtung gefunden hat.
Man hatte mir zu dieser Wallfahrt geraten, und das war ein guter Rat. Am Morgen meiner Weiterreise borgte ich nämlich einem Freund ein Stück Seife und vergaß natürlich, sie später wieder einzupacken. Als ich dann nach der langen Bahnfahrt in der Jugendherberge in Delhi ankam, war mein erster Weg zu den Duschen. Und hier fehlte mir die Seife. Ich bat einen jungen Inder darum, und wir kamen gleich ins Gespräch. Ich erzählte ihm meine Geschichte, und er sagte, er sei im Auftrag des Unterrichtsministeriums unterwegs, und sein Chef würde sich sicher sehr freuen, mich zu treffen. So gab er mir zum Abschied ein Empfehlungsschreiben, das ich zu den Höhlen mitnahm. Man kann nie wissen!

In der Einsiedelei kam dann eine Zeit der rasanten Entwicklung, die nach einem halben Jahr natürlich nicht abgeschlossen war. Ich war mittendrin, und es wäre sicher nicht gut gewesen, in dieser Phase das Land wieder zu verlassen.
So suchte ich knapp eine Woche vor dem Ablauf des Visums meinen Lehrer auf und fragte um seinen Rat. Er meinte, in Indien sei manches möglich, und ich solle es ruhig versuchen. Er würde mir dabei ein wenig helfen.

Mit dieser Auskunft und seinem Reisesegen machte ich mich also auf den Weg. Ich hatte glücklicherweise die Sache mit der Seife und dem Empfehlungsschreiben nicht vergessen, und so war ich guter Dinge und voller Hoffnung, dass in dem großen Teppich des Schicksalsgewebes ein roter Faden auch zu meinem Ziel führen würde.

Ich erreichte Delhi und suchte am nächsten Tag das Unterrichtsministerium auf, wo ich mich bald darauf mit einem sehr hochrangigen Beamten, dem Chef meines Freundes aus der Jugendherberge, unterhalten konnte. Es war ein schönes Gespräch, denn in Indien sind gebildete Menschen gewöhnlich auch spirituell orientiert. Es ist das Land einer uralten geistigen Tradition, und die Spuren Gandhis sind noch deutlich wahrnehmbar. Nach dem Gespräch sagte er mir, dass er selbst nicht helfen könne, dass er aber einen Freund im Innenministerium habe, der für diese Fragen zuständig sei: An ihn solle ich mich wenden und mich dabei auf seinen Namen berufen.
So wurde also der nächste Tag zum Tag der Entscheidung.
Ich stand früh auf und machte ein I Ging, ein chinesisches Orakel, um die Situation richtig einzuschätzen. Das Orakel gab mir den Rat „nicht zu Tür und Hof hinaus zu gehen“, also nicht alles so deutlich auszusprechen. Es gab nämlich Anzeichen von Eifersucht zwischen indischen Lehrern und Tibetern. In diesen Zwiespalt durfte ich mich auf keinen Fall verwickeln lassen.
So ausgerüstet, erreichte ich das Innenministerium und bekam dort gleich einen großen Schreck. Eine fast unendlich lange Schlange von Ausländern wartete hier, um in das Gebäude eingelassen zu werden. Hier war die Sache mit meinen Papieren aussichtslos. Ich ging also ein paar Schritte weiter und fand dort einen kleinen Tempel, in den ich mich setzte und eine Andacht hielt. Dabei begann der rote Faden des Gewebes zu wirken und sich mit Kraft zu füllen. Eine große Zuversicht, Leichtigkeit und Energie halfen mir, die nächsten Schritte zu finden. Ich ging also wieder hinaus und fand einen weiteren Eingang in das Ministerium, der von einem malerischen Schutzmann mit einem uralten Gewehr bewacht wurde. Ich knüpfte ein Gespräch mit dem Mann an, und bald stellte sich heraus, dass sein Sohn Münzen sammelte und er an ein paar Schillingen, die ich zufällig dabei

hatte, sehr interessiert war. Nach diesem kleinen Geschenk war er zu einem Gegendienst bereit und fragte, was er für mich tun könne. Ich sagte ihm, ich wolle den Mann sprechen, an den ich am Vortag verwiesen worden war. Der Soldat verließ seinen Posten und begab sich in das Gebäude. Nach wenigen Minuten kam er sehr ehrerbietig und zuvorkommend zurück und geleitete mich zum Büro des Beamten, einem Sekretär des Innenministers. Ich trat ein, und es kam zu einer sehr herzlichen Begegnung. Wir unterhielten uns lange, denn er fragte mich, was die Christen unter „Geist" verstünden, und ich konnte ihm eine sehr genaue und ausführliche Antwort geben. Nicht nur, weil ich Theologie studiert hatte und dies sogar eine Frage bei meiner Diplomprüfung gewesen war, sondern auch, weil ich mittlerweile den asiatischen Geist etwas kennen gelernt hatte und verstehen konnte, worin die Frage überhaupt begründet war.
Nach etwa einer halben Stunde der angeregten spirituellen Diskussion meinte mein Gegenüber wie beiläufig, dass ich doch nicht gekommen sei, um nur über Theologie zu sprechen.
Ich sagte, ich bräuchte eine Verlängerung für mein Visum. Er sagte sofort zu und meinte, er könne mir ohne weiteres ein halbes Jahr geben. Ich sagte, das sei nicht genug. Auf seine erstaunte Frage: „Wieso?", antwortete ich mit einer Gegenfrage: Ob er einen geistigen Weg kenne, den man in einem halben Jahr vollenden kann? Er lachte und sagte: „Nun, dann brauchen wir irgendeine Referenz." Glücklicherweise war ich mit einem angesehenen Inder gut befreundet. Sein Wort genügte, und ich erhielt mein Visum.
Schon am selben Abend reiste ich zurück zum Heiligen See in den Bergen und wanderte am Morgen hinauf zu den Höhlen. Als Erstes suchte ich meinen Lehrer auf, und er war überrascht, mich schon wieder zu sehen. Nur drei Tage waren vergangen, und das scheinbar Unmögliche war möglich geworden. Er begrüßte mich freundlich, und nun verwandelten sich der Stress der Reise und die Spannung der Situation in eine große und tiefe Entspannung und Heiterkeit.
In nur drei Tagen hatte sich eine scheinbar aussichtslose Situation vollkommen gewendet, und den Weg freigegeben für die Weiterentwicklung.
Tendrel – abhängiges Entstehen.

Der Weg zum Glück

Das Tontöpfchen und die Versprechungen des Materialismus

Es gibt viele Arten von Glück. Es gibt zum Beispiel das Glück des Steinzeitjägers, des Raubtieres, das Beute gemacht hat und das seinen Erfolg jetzt ausgiebig feiert. Es gibt das Glücksgefühl der Überlegenheit über andere, des Erfolges, der sexuellen Potenz und der großen Nachkommenschaft. Dieses Glück ist tief verwurzelt in unseren Anlagen, in unserer Geschichte und in unserer Herkunft aus dem Tierreich.

Es hat spezifische Formen in der Menschenwelt angenommen, die aber ihre Herkunft nicht verleugnen können. Darüber hat sich eine ganz besondere Schicht angesiedelt, die sich heute fast unwidersprochen durchgesetzt hat. Es ist der Glaube, dass mehr Geld zu mehr Glück führt, dass mehr Macht zu mehr Glück führt und dass mehr Sex zu mehr Glück führt.

Wir könnten es in unserer Welt so schön haben, aber sehr viele Probleme entstehen daraus, dass wir Freude daraus schöpfen, die anderen schlecht zu machen, um unsere eigene Überlegenheit zu demonstrieren. Der ganze Starkult ist eigentlich eine Verachtung des zweiten, des dritten und aller anderen.

Mystik im Alltag besteht darin, diesem Glauben etwas Substantielles entgegenzusetzen und daran zu erinnern, dass weder die biologische Ebene noch die Ebene der übersteigerten Illusionen das menschliche Wesen auf Dauer wirklich befriedigen können. Wir sind aus einem anderen Holz geschnitzt als die Tierwelt, und auch die Konstruktionen unseres Verstandes und unserer Organisationen erfüllen noch nicht die Bedürfnisse unseres ganzen Menschseins.

Der Weg zum Glück braucht auch eine andere Dimension, eine Dimension, die sich nur dem Herzen erschließt und in immer größere

Tiefen führt. Die höchste Form der Freude ist die geistige, und es kann nicht schaden, unsere materielle Unterhaltungs-Kultur manchmal daran zu erinnern.
Deswegen sagt Khunu Rinpoche:

Der leuchtende Glanz des Glücks von Bodhicitta überstrahlt,
so wie die Sonne ein Glühwürmchen überstrahlt,
die weltliche Freude eines Weltenherrschers,
von Indra oder von Brahma,
egal, wie groß sie auch sein mag.

Wie die Erinnerung an diese Freude bei den Tibetern in die Praxis umgesetzt wird, soll eine kleine Geschichte erzählen.

Das Tontöpfchen

Von Patrul Rinpoche, dem großen Lehrer, der im 19. Jahrhundert frei und ungebunden und völlig anspruchslos durch Tibet wanderte, wird erzählt, dass er stets von einer heiteren Zufriedenheit erfüllt war, die ihn niemals verließ.
Einmal war er im Kloster von Katok in Kham zu Gast, um für die Mönche und die Laien der Umgebung Belehrungen zu geben. Gegen Ende der Zeit lud ihn der Abt des Klosters, Katok Situ, ein, mit ihm in seinen Privatgemächern einen Imbiss einzunehmen. Patrul Rinpoche nahm an und ließ sich vom Hausherrn durch die prunkvollen Gemächer des Klosters und des Privatbereichs des Abtes führen. Voller Bewunderung betrachtete er all die Dinge, die er zu sehen bekam. Dann sagte er zu seinem Gastgeber: „Ich habe noch niemals etwas so Prächtiges gesehen, wie dieses Kloster hier. Es sieht aus wie in einem überirdischen Seinsbereich. Überall gibt es kostbare Teppiche, Seide und seltene Tierfelle. Ein Raum ist schöner eingerichtet als der andere, und rundherum gehört alles Land, so weit das Auge reicht, dem Kloster.
Ich glaube nicht, dass es sonst wo in der Welt etwas Prächtigeres gibt.
Dabei fällt mir ein, ich habe da so ein kleines Tontöpfchen, in dem

ich mir unterwegs immer meinen Tee bereite. Ich habe gehört, dass du demnächst in den Osten reist, und dorthin bin ich auch unterwegs.
Ich reise gerne leicht, und ich bitte dich, mir das Töpfchen mitzunehmen, denn bei deinem vielen Gepäck macht dir das sicher nichts aus."
Wenige Tage nach diesem Gespräch setzte Katok Situ sein ganzes Kloster in größtes Erstaunen, weil er alle Ämter und Würden zurücklegte und sich ganz allein und ohne alle Habe auf den Weg zu einem heiligen Ort in den Bergen machte, wo er von da an als Eremit hauste.
Nicht lange danach erhielt Patrul Rinpoche einen Brief von dem neuen Einsiedler, in dem es nur hieß: „Jetzt meditiert Katok Situ."
„Sieh an", schmunzelte Patrul Rinpoche, „da ist ja doch einer, der zuhört, wenn ich etwas sage!"

Diese kleine Geschichte ist natürlich auf die tibetischen Verhältnisse abgestimmt, aber sie hat uns trotzdem etwas zu sagen. Auch der Prinz Siddharta hat all seinen Reichtum, die Annehmlichkeiten des Palastlebens, seine Frau, seinen kleinen Sohn und seine vielen Kurtisanen verlassen, weil er etwas Besseres finden wollte.
Der Mensch ist nicht dazu da, dass er aufgrund seines großen Besitzes ein angenehmes Leben führt, sagt Jesus einmal.
Die großen Weisen sind sich einig, dass der einzige Weg zum Glück in dieser Welt darin besteht, ein einfaches Leben mit einem reinen Herzen zu führen.
Das hat nichts damit zu tun, dass wir uns selbst kasteien müssen, um irgendein jenseitiges Ziel zu erreichen, sondern es ist ein Zeichen, dass die Wirklichkeit so eingerichtet ist, dass unser unruhiger Geist nur auf diese Weise zum Frieden und zum Glück findet.
Wir müssen auf nichts verzichten, wir müssen uns nichts versagen, und wir können bleiben, wo und was wir sind.
Es geht nur darum, dass wir mit dem zufrieden sein können, was wir haben, und dass wir es mit einem reinen Geist genießen.

Wer über das Ziel hinaus schießt, der kann es nicht erreichen, und

wenn wir mehr Dinge besitzen, als wir brauchen, dann behindern sie uns eher, als dass sie uns nützen.
Der Buddhismus erinnert uns daran, dass nur der mittlere Weg, der alle Extreme vermeidet, der Weg ist, der letztlich zum Ziel führt.
Wir müssen uns nicht in eine Einsiedelei zurückziehen oder zum Mönch werden, der nach einem genau festgelegten Tagesrhythmus lebt. Wir müssen andererseits auch keinen übertriebenen Luxus pflegen, der uns mit den Gütern dieser Welt überhäuft.

Die Mystik im Alltag besteht darin, zu den richtigen Zielen und Lebenshaltungen zurückzukehren: nicht zu viel und nicht zu wenig, so wie es unserem Wesen angemessen ist.

Religion und Rituale

Soll ich mein Kind taufen lassen? Buddhismus und Christentum in der Praxis

Mit so zehn, zwölf Jahren hat man die Kindheit hinter sich und die Flegeljahre vor sich. Wann hätte man die Stärkung des Heiligen Geistes nötiger als in dieser Zeit, und so gibt es an dieser Stelle das heilsame Sakrament der Firmung.
Der Pate, der Göd, war gefunden, und die kleine Schar der Firmlinge war vom Alpl aus losgezogen, um das große Ereignis in Würde und Andacht zu begehen. Im Orte Fischbach hatte man sich ordentlich gestärkt, unterwegs etwas Schabernack getrieben und jetzt ging es schon auf den Markt Birkfeld zu.
Die Glocken läuteten beim Einzug. „Ob das wohl uns gilt?", fragte scherzhaft der Göd, und am Hauptplatz traf der kleine Trupp dann mit dem Bischof und den geistlichen Würdenträgern zusammen, denen die Glocken tatsächlich gegolten hatten. Es folgte ein festlicher Gottesdienst in weihevoller Stimmung, danach die Suche nach einem passenden Nachtquartier, das schließlich in einem Stadl gefunden wurde, weil die Wirtshäuser alle voll waren. Es hatte im Ort schon längere Zeit keine Firmung mehr gegeben, und so staute sich nun alles.

Der nächste Tag sollte also das große Ereignis bringen. Der Göd hatte seine Firmlinge zurecht gemacht, so gut es eben ging, und ihnen dann ein Frühstück im Gasthaus spendiert.
„Es war wohl das erste Mal im Leben, dass ich hier Kaffee aß."
Dann ging es zur Kirche, die festlich geschmückt und voller Weihe war. Auf der Kanzel betete einer unablässig das Vaterunser, und am Hochaltar sah man den Bischofsstab leuchten, der sich nun allmählich durch die Reihen bewegte.
Mir wurde es schon etwas bang, denn man hatte viel von dem

Backenstreich erzählen hören, der bei dieser Gelegenheit üblich war. Dann kamen sie heran. Der erste salbte jedem Firmling die Stirn mit Chrisam, ein anderer nahm den vorbereiteten Firmzettel aus der Hand und nannte den Firmnamen:
„Simon".
Dann kam der Bischof mit seiner Mütze und seinem Stab, legte kurz die Hand auf den Kopf, zwei Finger auf die Wange, dann war er vorüber.
Ein anderer kam mit Salz und Brot und wischte das Chrisam von der Stirn, und zuletzt drückte einer der geistlichen Würdenträger jedem eine vorgedruckte Firmbestätigung in die Hand.
Das war es. Die ganze Prozedur hatte nicht einmal eine Minute gedauert!
Ich war schwer enttäuscht und verunsichert. Wo war die Weihe, das geistige Hochgefühl und die Stärkung, die ich erwartet hatte? Was hatte ich verbrochen?
Die anderen schienen zufrieden, nur mir war die Seele so leer.
Es war ja schon öfter vorgekommen, dass meine Erwartungen die Wirklichkeit überflügelt hatten, aber hier, beim Heiligen Geist?
Ich beichtete die Sache eine Weile später dem Katecheten, und er sagte mir:
„Das ist ja eben die Wirkung des Heiligen Geistes, dass du so nach ihm verlangst."

Wer so von seiner Firmung erzählt, das ist Peter Rosegger, der steirische „Naturdichter", der uns in die Welt des Glaubens und Vertrauens seines Landes und seiner Kindheit mitnimmt.
Schon damals, so scheint es, gingen Geist und Ritual verschiedene Wege. Das, was die offizielle Religion tut, die Zeremonien, die sie hält, die festliche Ausgestaltung aller Ereignisse, ist etwas anderes als die innere Ergriffenheit, die spirituelle Wirkung und der wahre Segen.

Mystik im Alltag bedeutet, dass wir uns bei der Religion und den Ritualen nicht mit der äußeren Form zufrieden geben. Sie bedeutet, dass wir den inneren Sinn des Geschehens erfassen und seine Wirkung unterstützen.

Es gibt die geistigen Kräfte, und Sakramente und Rituale haben ihre Bedeutung! Damit diese Bedeutung aber zur Wirkung kommen kann, braucht es bestimmte Kriterien.

Die Tibeter sagen, dass für eine gelungene Übertragung vier Dinge stimmen müssen: der kompetente Lehrer, das heißt, der Vermittler mit der geistigen Welt; der reife Schüler, die richtige Zeit und der richtige Ort. Nur, wenn alle vier Kriterien hinreichend erfüllt sind, findet eine Übertragung statt.

Mein Lehrer war für ein halbes Jahr nach Tibet gereist, um seine alte Mutter noch einmal zu sehen. Gegen Ende dieser Zeit hatte ich eine Reihe von Träumen, die verschiedene Aspekte unserer Begegnung prophetisch vorwegnahmen.
Dann kam die Nachricht, dass er beim Lotus-See angekommen war. Ich machte mich sofort bereit, ließ alles liegen und stehen und schloss nur noch rasch meine Höhle ab. Anschließend machte ich mich auf den steilen Weg hinunter, und achtete nur darauf, dass ich am Fels nicht stürzte oder zu sehr außer Atem geriet.
Schließlich kam ich unten an: Es war noch heller Tag, und so machte ich mich auf die Suche.
Das Kloster war damals noch nicht gebaut, aber auf der zukünftigen Baustelle stand ein altes Bauernhäuschen, in dem Bekannte wohnten. Dort fand ich meinen Lehrer, der nach der anstrengenden Reise zwar etwas müde wirkte, sich aber freute, mich zu sehen, und mich sofort empfing.
Zur Begrüßung gab er mir einen Segen, indem er seine Hand auf meinen Kopf legte. Die Wirkung dieses Segens war so gewaltig, dass sie für mich seither zum Maß für eine geistige Übertragung geworden ist. In seltenen Momenten habe ich später Ähnliches erlebt, zum Beispiel auf der Alm und in der Kapelle Panaghia nach einer Nacht auf dem Gipfel des Berges Athos.
Wie soll man die Wirkung eines solchen Segens beschreiben? Es ist wohl das, was Peter Rosegger erwartet hatte, als der Bischof an ihm vorüber zog, und das er dann so schmerzlich vermisste. Es ist ein inneres Glück, ein Zusammenstimmen mit der Wirklichkeit, eine

Öffnung der engen Grenzen und eine heilsame Kraft, für die es in der alltäglichen Welt kein Beispiel und keinen Begriff gibt.

Seit ich dieses Erlebnis mehrmals hatte, gebe ich mich mit leeren oder halb wirksamen Ritualen nicht mehr zufrieden, egal, wie prächtig sie auch ausgeführt werden und wie sehr man sie auch lobt.
Eine gute Predigt mag erbauen, eine prächtige Hochzeit erfreut das Herz, und ein weihevolles Begräbnis strahlt Würde und Ernst aus. Trotzdem kommt es darauf an, dass in der Wandlung der Messe wirklich Jesus gegenwärtig wird, dass sich zwei Menschen vor Gott im Innersten verbinden und seinen Segen für diese Verbindung erhalten oder dass eine Seele in das Reich Gottes geleitet wird. Ebenso ist es mit der Taufe, die äußerlich ein Freudenfest der Familie ist, aber innerlich eine junge Seele mit dem Erlösungs- und Gnadenstrom der christlichen Tradition in Verbindung bringt.

Mystik im Alltag, egal bei welcher Religion, bedeutet den geistigen Inhalt des Ereignisses wahrzunehmen, ihn zu suchen und die Bedingungen zu schaffen, damit er wirken kann.

Spirituelle Praxis im Alltag

Vom Innehalten zur Andacht

Meditation im Alltag: Wie soll das gehen? Wir können uns ja nicht gut im Schneidersitz hinsetzen und gleichzeitig unserer Arbeit nachgehen. Wie sieht denn das aus?
Es genügt auch nicht, ein oder zweimal im Jahr ein paar Tage an einem Meditationsseminar teilzunehmen und dort intensiv zu üben. Auch die zehn Minuten am Morgen oder am Abend, die wir der Meditation widmen könnten, sind zwar gut gemeint, aber für eine geistige Entwicklung zu wenig, besonders wenn der hektische Alltag und der Strom unserer Kultur in eine ganz andere Richtung weisen.
Solche und ähnliche Gedanken gingen mir durch den Kopf, während ich durch das griechische Meer schwamm. Eine herrliche Bucht, kristallklares Wasser, Sonnenschein und die entspannte Stimmung eines gelungenen Urlaubs; Auftauchen, Untertauchen und das Meer ganz um den Körper spüren.
Der Urlaub war bald zu Ende, und schon am ersten Tag nach unserer Ankunft sollte ich einen Vortrag halten. Wie sollte ich den Menschen daheim helfen, den Weg aus ihrer Welt zum Ursprung zu finden?
Und so, sozusagen auf halbem Weg, im Meer und bei jedem neuen Schwimmzug, formte sich ein intuitiver Gedankenbogen, der direkt von den Tätigkeiten unseres Alltags bis in die tiefste dynamische Stille der Meditation reicht, einen Bogen, den man jederzeit aufnehmen und weiterverfolgen kann.
Innehalten, zur Besinnung kommen, Aufwachen, Atmen, Rhythmus, zum Ursprung des Rhythmus und Andacht; das waren die Stichworte und die Landmarken auf diesem Weg, den mein Geist beim Schwimmen immer deutlicher zu fassen suchte.

Dann war der Urlaub wirklich zu Ende: der Rückflug, und am nächs-

ten Tag der Vortrag bei einem Bauerntreffen. Man hatte mich gewarnt: Der Gastgeber sei ein sehr praktisch veranlagter Mensch. Sollte der Vortrag zu „geistig“ werden, war damit zu rechnen, dass er den Raum verlässt, um sich einer sinnvollen Arbeit zuzuwenden.
So begann ich mit der Erzählung von den Höhlen, vom Feuer machen und Tee kochen. Damit hatte ich schon die Herzen der Praktiker gewonnen und konnte mit ihnen dann allmählich vom Innehalten aus zu den Rhythmen unseres Lebens und Geistes und bis zum Ursprung vordringen. Der Bogen hatte sich wunderbar bewährt, und die geistige Stimmung war spürbar im Raum.
Der Gastgeber war nun einer der eifrigsten Zuhörer und dankte mir nach dem Vortrag für die praktischen Hinweise für sein Leben und seine Arbeit. Damit hatte er nicht gerechnet.
Am nächsten Tag erhielt ich einen Anruf von einem anderen Bauern. Er sei heute Morgen im Stall gestanden und habe die Sache mit dem Innehalten ausprobiert und durchmeditiert. Es hatte ihm so gut getan, dass er auch andere Menschen daran teilhaben lassen wollte, und mich daher einlud, in seinem Kreis einen weiteren Vortrag zu halten.
Später wurde die Gedankenreihe zur Grundlage einer Radiosendung, die zum Entstehen dieses Buches geführt hat.

Innehalten

Der Dirigent hebt den Taktstock. Das Stimmen der Instrumente, dieser typische Klangteppich vor dem Beginn eines Konzerts, verstummt und verklingt, im Saal wird es ruhig.

Innehalten

Und dann löst sich der Strom der Musik aus den Fesseln der Vergangenheit und des Vergessens und erfüllt den Raum mit seiner Gegenwart,
es klingt in allen gemeinsam,
im Dirigenten, in jedem der Musiker, in jedem Zuhörer.

Innehalten

Ohne den Moment der Sammlung am Anfang der Bewegung, am Anfang des Tages und vor jedem guten Gespräch kann nichts von Wert entstehen.

Innehalten ist ein sehr schönes Wort unserer Sprache.
Allein dieses Wort zu hören, bewegt uns schon nach innen, zu uns selbst.
Es meint ein Raum-Schaffen,
eine kleine schöpferische Pause, damit wir den Takt finden, den richtigen Einstieg in das Konzert der Wirklichkeit.

Innehalten ist etwas ganz anderes als Anhalten:
Wenn der Zug auf offener Strecke stehen bleibt, werden wir unruhig.
Oder wenn wir bei der Ampel stehen: Das ist ein lästiger Aufenthalt, eine willkürliche Unterbrechung.

Innehalten, also die kleinen fruchtbaren Pausen im Strom unserer täglichen Tätigkeiten, das ist etwas ganz anderes.
Es geschieht freiwillig, genau an der richtigen Stelle; genau dort, wo ein neuer Rhythmus, eine neue Bewegung beginnt.

Das gelegentliche Innehalten, die kleinen Pausen und die Freiwilligkeit unseres Mitspielens im Orchester des Lebens;
das macht den Unterschied aus!
Es macht den Unterschied, ob wir in einem Gefängnis sitzen, in einem vergitterten Käfig, oder ob wir uns auf dem Spielfeld unserer Termine und Verpflichtungen frei bewegen können und so das Feld des Lebens mit Sinn erfüllen.

Aufwachen und zur Besinnung kommen

Wie ferngesteuert tappen wir durch unsere Wohnung, und kaum etwas dringt bis zu uns durch. Oder wir fahren schon im Auto, die übliche Strecke, immer das gleiche. In Gedanken sind wir ganz woanders, wir kommen vom Hundertsten ins Tausendste.

Aber dann, ganz unvermittelt, wir wissen nicht einmal genau warum, wachen wir plötzlich auf, sind wir da – wir kommen zur Besinnung. Natürlich waren wir auch vorher da, aber nicht so ganz. Wir waren in unsere Vorstellungen verwickelt, in das Grundrauschen unseres Geistes.
Es ist eine merkwürdige Qualität unseres Wesens, dass wir immer das Gefühl haben, das Ganze wahrzunehmen, auch wenn wir nur ganz wenige Elemente kennen: Elemente, die manchmal gar nicht aus der Welt kommen, sondern nur aus unseren Erinnerungen und Vorstellungen.

Aufwachen und zur Besinnung kommen

Und dann zerreißt der Schleier. Ein angenehmer, ein erfrischender Moment; wie eine kühle Brise an einem heißen Tag.
Jetzt sind wir erst da.

Zur Besinnung kommen ist ein schönes Wort für dieses Aufwachen.

Wir sehen, was uns umgibt.

Wir hören, was es zu hören gibt,
und wir sagen, was es zu sagen gibt.

Wir kommen zur Besinnung, das heißt, zuallererst, wir kommen zu unseren Sinnen, zu unseren Augen, zu unseren Ohren, zu unserer Nase.
Wir hören auf, uns abzuheben, und wir werden gegenwärtig.
In dem Wort „Besinnung“ stecken die Sinne und der Sinn, der sich nur enthüllt, wenn man ihn hier und jetzt sieht. Es steckt darin das „nach innen gehen“; nach innen heißt zum innersten Wesen, das immer gegenwärtig und mit dem Körper, den Sinnen und den Situationen der Wirklichkeit verbunden ist.

Innehalten und zur Besinnung kommen –
die beiden ersten Schritte zu einem gelingenden Tag.

Atmen

Atemlose Stille;
es ist so still, dass man nicht einmal den Atem hört.
Der Atem wird angehalten, die Spannung erreicht den Höhepunkt.
Denn irgendetwas muss jetzt geschehen!

Was auf jeden Fall geschieht, ist der nächste Atemzug;
das Einsetzen in den Rhythmus, der einen Augenblick lang angehalten war.

Der Rhythmus geht weiter, er setzt sich unaufhaltsam durch.
Darin liegt zugleich etwas Tröstliches und etwas Bedrohendes. Das Tröstliche ist, dass es immer weitergeht, egal, was passieren mag. Das Irritierende ist, dass wir den Fluss der Wirklichkeit nicht einfach aufhalten können, die Pausentaste drücken wie in einem Videofilm, sondern dass wir immer weiter voranschreiten, ob wir wollen oder nicht.

Ein Zenmeister war einmal zu Gast in Wien. In dem Haus, in dem er wohnte, einem großen Mietshaus, feierte gerade ein altes Mütterchen ihren hundertsten Geburtstag.
100 Jahre sind ein sehr beachtliches Alter, und so wollte der Meister die Gelegenheit nicht versäumen, die alte Dame zu besuchen. Ein Gespräch entwickelt sich. „Wie sind Sie eigentlich so alt geworden?"
Die Antwort kommt in gutem Wienerisch: „I hab halt nie drauf vergessen zu atmen!"
Der Meister ist beeindruckt. Von dieser alten Frau hat er eine Antwort in dieser Tiefe nicht erwartet. Denn genauer hätte auch er nicht ausdrücken können, worauf es ankommt.

Der Atem, das ist die Stelle, wo unser Wesen und unser Wille mit den Rhythmen des Universums zusammenklingen.
Einatmen, ausatmen;
wie wir damit umgehen, entscheidet über die Harmonie unseres Lebens, ob wir 100 Jahre alt werden oder eben nicht.

Auf dem Atem reiten unsere Gedanken wie ein Schiff auf dem Ozean. Atem, das ist *Atman,* die Seele, der Hauch des Lebens, das *Pneuma,* der Geist.
Und unser Ich: das ist die Türangel, die schwingt, wenn wir ein- und ausatmen.

All das, in diesem einfachen Vorgang, der uns doch ständig trägt und umgibt, und den wir kaum beachten.

Einatmen, ausatmen.

Rhythmus

Ein weiter Blick über das Meer.
Eine Welle kommt herangerollt,
zieht sich wieder zurück.
Wieder eine Welle, jetzt eine höhere,
die Füße werden nass.
Ein Schritt zurück.

Das Spiel der Wellen, so weit das Auge reicht:
Hohe Wellen, niedere Wellen, lange Wellen, kurze Wellen, hie und da ein paar Schaumkronen
und zu dem Ganzen die Melodie, der ewige Gesang des Meeres, das Rauschen.

Das Meer beruhigt und erfrischt.
Vielleicht, weil es uns an unser eigenes Wesen erinnert, an die innersten Falten unserer Seele.

Das Kommen und Gehen, einatmen und ausatmen,
darunter der Herzschlag und noch viel schneller das Vibrieren unserer Zellen, die millionenfachen Bewegungen in unserem lebendigen Leib.
Wir können sie spüren wie das Meeresrauschen, wenn wir darauf hören.

Und darüber die großen Rhythmen:
der Tageslauf mit Wachen und Schlaf,
der Mondumlauf mit der Bewegung des Wassers,
der Jahreskreis mit seinem Frühling, Sommer, Herbst und Winter;
Geburt, Alter und Tod und dann eine neue Generation; der Rhythmus des Lebendigen,
und weiter, noch größer, das Erwachen, Reifen und Vergehen der großen Kulturen, an denen wir teilhaben,
die Weltzeitalter,
die Entwicklung des Lebendigen,
und am Horizont die Linie der Unendlichkeit.

Wohin gehören wir?
Warum beruhigen uns das Meer oder der Blick von einem hohen Berg über die Ketten der Hügel im Nebel, Reihen um Reihen, Dimension um Dimension?

Wenn ein Musiker aus dem Takt kommt, ist es das Beste, wenn er sein Instrument kurz absetzt und einfach nur zuhört.
Vorher hat ihn seine eigene Stimme taub gemacht.
Jetzt kann er die Musik wieder aufnehmen. Sie ergreift sein Wesen, sein Herz und seinen Atem;
und dann, ganz natürlich, kommt sein Einsatz.

Der Ursprung des Rhythmus

Waren Sie schon einmal beim Aufwachen dabei?
Ich meine so richtig, beim Aufwachen aus einem tiefen, erholsamen Schlaf.
Wie sich die Welt langsam formt und Gestalt annimmt.

Wo bin ich?
Wie spät ist es?
Und welcher Tag?

Die Muster verdichten sich, wir kommen zu uns.

Aber wo waren wir vorher, wo waren wir in der Nacht?
Waren wir da nicht bei uns?

Rhythmen fließen und tragen uns,
unser Herzschlag, unser Atem,
das Aufwachen jeden Morgen.

Jeder Rhythmus hat Anfang, Mitte und Ende. Einatmen, ausatmen,
aufsteigen, absteigen,
Bewegung und Stille.

Aber woher kommen diese Rhythmen? Was ist ihr Ursprung?
Was ist der Ursprung des Rhythmus?

Ist es eine noch größere Stille als das Ausruhen nach einer Bewegung? Liegt dem Leben etwas zu Grunde, das jenseits von Aufsteigen und Absteigen, von Anspannung und Entspannung, von Gewinn und Verlust liegt?

Unser Wesen, unser eigenes Wesen, erscheint am Morgen, aber wohin geht es in der Nacht, wohin kehrt es ein, womit verbindet es sich
und worin wurzelt es jetzt?

Die Wellen gehen am Meer dahin,
sie kommen und sie gehen.
Ob sie kommen oder gehen, sie sind immer Wasser,
sie sind das Meer.
Das Meer wäre nicht, was es ist, ohne Wellen.
Die Wellen wären nicht, was sie sind, ohne das Meer.

Der Ursprung des Rhythmus ist der Ursprung unseres Wesens,
die Wirklichkeit selbst.

Andacht

Es gibt Momente, in denen alles stimmt.
Augenblicke vollkommener Natürlichkeit, einfaches Glück.

Es kommt manchmal ganz unvermutet,
bei einem Spaziergang durch den Wald,
bei einem Sonnenaufgang, bei einem guten Wort,
mit einem geliebten Menschen,
bei einem Konzert.

Augenblicke großer Natürlichkeit.

Andacht

Dort, wo wir mit dem Ursprung in Berührung kommen,
der Wurzel unseres Wesens, der Quelle unserer Rhythmen.

Der Ursprung ist offen und weit.
Wir können ihn nicht erfassen, aber er – oder sie – erfasst uns.
Dieses Erfassen geschieht in großer Zärtlichkeit und lässt uns gestärkt und bereichert zurück.
Es ist scheinbar nichts geschehen, und doch ist alles anders.

Nicht hoch und nicht tief,
jenseits des Auf und Ab unseres Alltags und unserer Geschäfte,
und doch mittendrin!

Andacht

Woher wir kommen und wohin wir gehen,
und woraus wir jetzt gemacht sind.

Das, wohin sich unser Geist richtet, die Dimension, die er annimmt,
die Weite, die er umfasst.
Das, wohin sich unsere Seele ausrichtet,
das sind wir.

Andacht

Der Sonnenuntergang

Zeit haben, Zeit nehmen

Prächtige Farben: Zuerst ist sie noch da, die Sonne, und vergoldet mit ihren Strahlen die Baumwipfel und Gräser. Dann verschwindet sie am Horizont, und jetzt beginnen die Farben erst richtig zu leuchten und den Himmel in ein Kunstwerk des Lichts zu verwandeln. Was die Natur uns jeden Abend schenkt, ist wunderbar; verschieden an jedem Ort, aber überall schön. Der Abend hat einen eigenen Zauber, der die empfindliche Seele berührt und sie mitnimmt in ein Reich der Besinnung und der Ergriffenheit; ganz mühelos, ganz wie von selbst.
Jetzt ist nur mehr das letzte Abendrot zu sehen. Wie Scherenschnitte zeichnen sich die Wipfel der Fichten und Tannen und weiter hinten die Gipfel der Berge gegen das letzte Licht ab, während höher oben ein paar kleine Wolken das Strahlen auffangen und gegen das dunkle Blau des Nachthimmels stellen. Die ersten Sterne zeigen sich, unten im Tal kommen die Lichter der Menschen.
Was für ein Schauspiel.

Viele große Meister haben den Sonnenuntergang und den Sonnenaufgang hoch geschätzt. Der Buddha genoss regelmäßig seine Schönheit, und vom großen tibetischen Heiligen Patrul Rinpoche wird erzählt, dass er selten einen Sonnenuntergang ausließ. Es gibt kaum eine bessere Möglichkeit, sich mit dem Rhythmus des Tages und der Bewegung unserer schönen Erde durch den Kosmos zu verbinden, als diese Gelegenheit wahrzunehmen.
Überall umgibt uns diese Schönheit, auch im Alltag, wenn man sie zu sehen weiß. Unter dem Asphalt liegt der Strand, heißt es, und immer, wenn wir innehalten und unsere Spannung ein wenig auflockern, dann können wir den Boden spüren, auf dem wir leben.
Mystik im Alltag bedeutet, immer wieder zu diesem Boden zurückzukehren, sich dort zu stärken und von dort her zu leben und zu

handeln. Wenn unsere Seele entspannt und weit ist, dann nimmt sie etwas davon auch in die schwierigsten Situationen mit und hilft auch den anderen, die Dinge etwas leichter zu nehmen und mehr Freude ins Leben zu bringen.

Wenn man es sich zur Gewohnheit macht, ist es gar nicht so schwer, immer wieder an schöne Orte zurückzukehren und sich dort zu stärken. Das gilt natürlich auch für wirkliche Kunst, die den Menschen erhebt und innerlich bereichert. Wenn man ein wenig Ausschau hält, findet sich für jeden das Rechte.
Außerdem ist es erstaunlich, wie viel Zeit man hat, wenn die Freude dabei ist. Was einem wirklich wichtig ist, das geschieht auch, und manche Dinge geben dann mehr Zeit, als sie nehmen. Ein ganzes Füllhorn von guten Erlebnissen hat in wenigen Stunden Platz und bereichert unser Leben noch Tage danach.
Hier sind die Orte, wo wir nicht Zeit „sparen", sondern gewinnen.

Der seelische Gesundbrunnen des Österreichers sind die hohen Berge und die Musik. Hier herrschen andere Gesetze als in der Geschäftswelt, und hierher kann man sich zurückziehen, um Gemeinschaft mit Menschen und die Unterstützung der Natur zu erleben. Ist eine Hütte nicht mehr mit dem Auto erreichbar, dann stellt sich dort wie von selbst ein anderer Umgangston ein, die Menschen rücken näher zusammen, und die Werte nähern sich dem Wesentlichen.

In den Bergen

Schon in der Seilbahn waren uns die zwei jungen Burschen aufgefallen, die mit riesengroßen Rucksäcken und höchst unzureichendem Schuhwerk unterwegs waren. Es ging hoch hinauf, und man konnte sehen, dass die beiden zum ersten Mal in den Bergen waren.
Wir wanderten durch die malerische Felsenwelt, freuten uns am letzten blühenden Grün, das aus den Felsspalten leuchtete, und erreichten nach einer kleinen Tour die Hütte. Wir wurden gut aufgenommen und bewirtet, und während wir beim schönsten Essen waren, klopfte

es an der Tür, und unsere beiden Bekannten aus der Seilbahn traten zögernd herein.
Die Hüttenwirtin erkannte mit einem Blick die Situation. Es war nämlich schon spät im Jahr, und mit Schnee war jederzeit zu rechnen. Mit dem Schuhwerk der beiden wäre ein sofortiger Abstieg sehr ratsam gewesen.
Trotzdem lächelte sie freundlich und hieß die beiden willkommen, die sich auf der Ofenbank niederließen und fragten, ob sie über Nacht hier bleiben könnten.
Das war nun gar nicht so einfach, denn die Wirtin hatte vor, am selben Abend noch ins Tal zu gehen und erst nach zwei Tagen wiederzukommen. Sie stimmte aber trotzdem zu und wies den beiden einen hübschen Raum mit einem Kachelofen an, den sie heizen könnten, falls es kalt werden sollte. So nebenbei gab sie ihnen noch den guten Rat, möglichst in der Nähe der Hütte zu bleiben.
Die beiden verließen den Raum, und wir zwinkerten uns zu.
Die Hüttenwirtin meinte nur: „Won' ich de zwa schorf anred', die trauen sich nie wieder auf a Hüttn!"
Das gute Herz hatte hier über alle Bedenken gesiegt und die beiden jungen und unerfahrenen Touristen in die Gemeinschaft der Bergmenschen eingeführt.

Wenn wir diesen Geist auch in unseren Alltag aufnehmen und wenn es uns gelingt, ihn durchzuhalten und immer wieder zu erneuern, dann leben wir aus einem unerschöpflichen Grund, der uns im Sonnenuntergang ebenso begegnet wie in der tiefsten Meditation.
Und in diesem Geist haben wir immer genug Zeit.

Das ist Mystik im Alltag.

Individuell und kollektiv

Die Aufgabenteilung im mystischen Leib Christi

Am Anfang und am Ende werden die wichtigsten Dinge gesagt. Das Geschehen konzentriert und sammelt sich, die wesentlichen Linien treten hervor.
Jesus verabschiedet sich von seinen Jüngern und Jüngerinnen.
Zuerst die Fußwaschung; der unübersehbare Aufruf zur Bescheidenheit und zum Dienst am Nächsten. Dann folgen die ergreifenden Abschiedsreden, in denen die wichtigsten Themen noch einmal in Worte gekleidet werden. Hier, in der Mitte und an zentraler Stelle findet sich der Aufruf zur Liebe und die Bildrede vom Weinstock und den Reben:

„Ich bin der Weinstock, ihr seid die Reben. Bleibt in mir, dann bleibe ich in euch."

Individuell und kollektiv: Das eine durchdringt das andere, das eine erfüllt das andere: „In-Sein", das Geheimnis der Mystik.
Mystik ist keine Privatsache. Wir alle sind auf einer tiefen Ebene miteinander verbunden, und was auf dieser Ebene geschieht, geht uns alle etwas an. Die Meditation ist ein Zugang zu dieser Ebene, aber auch jeder schöpferische Vorgang bis ins kleinste Ereignis hinein ist ein Ausdruck dieser Ebene.
Ich bin der Weinstock, ihr seid die Reben: Der christliche Geist ist die Basis unserer Kultur, und daran nehmen wir teil, ob wir es wissen oder nicht.
Der Weinstock hat viele Reben, und sie gehören alle zusammen und ergänzen einander. Es ist wie mit einem Körper, der viele Teile und viele Organe hat, die einander brauchen und gegenseitig unterstützen.
Das ist der mystische Leib Christi, in dem es viele verschiedene

Aufgaben zu erfüllen gibt, der aber doch als Ganzes, als Einheit, lebt und handelt.

Mystik im Alltag bedeutet, sich an diesem Ganzen zu beteiligen. Alle Teile sind wertvoll, auf keines kann verzichtet werden. Die Füße können nicht zum Kopf sagen, wir brauchen dich nicht. Das Herz kann nicht zu den Händen sagen, ich brauche euch nicht. Das eine ruft das andere hervor.
Das Wirken dieses Leibes spürt man vor allem in der geistigen Entwicklung und in der seelischen Verfassung einer Kultur.
Ist der Leib gesund, dann blüht die Kultur, entwickelt sich, breitet sich aus und bringt die schönsten Früchte hervor. Der Mensch in ihr fühlt sich wohl und geborgen; und geht einmal etwas schief, dann wird es bald wieder in Ordnung gebracht.
Ist der Leib aber krank, dann ist es auch die Kultur. Dann kann sie keine schöpferischen Leistungen mehr hervorbringen und wiederholt immer wieder die alten Muster. Dann kann sie das seelische Gleichgewicht und die innere Freude ihrer Mitglieder nicht mehr bewahren, und auf die großen Herausforderungen des Zeitenwandels der Welt findet sie keine Antwort.

Mystik im Alltag bedeutet heute, dass sich manche Menschen aufmachen und ihr ganzes Leben dafür einsetzen, die Gesundheit dieses Leibes wieder herzustellen, seine Organe mit frischem Blut zu versorgen, seine Lungen neu zu füllen und seine geheimen Energiebahnen für die göttliche Wirkung zu öffnen.
Gleichzeitig bedeutet es, dass viele Menschen dieses Vorhaben wahrnehmen und es unterstützen, so gut sie können.

Es wurden schon viele Beispiele genannt, wie man auch in unserer Zeit im Geiste Jesu, also im Geiste von Nächstenliebe oder von Bodhicitta handeln kann.
Das Wichtigste bei all diesen Tätigkeiten, sei es eine geistige Übung, eine stille Meditation oder eine tatkräftige Hilfe in der Welt, ist aber die Verbindung mit dem Ganzen!
Nur im Zusammenhang machen die einzelnen Einsätze wirklich

Sinn, nur als Ausdruck des einen Leibes und seiner Entfaltung gehen sie nicht sofort wieder verloren und werden nicht von den Wellen des ständigen Auf und Ab der Alltagswelt wieder verschluckt.
Es gibt viele verschiedene Aufgaben. Man kann nicht sagen, die eine sei wichtig, die andere unwichtig. Es geht darum, dass alle Beiträge ein lebendiges Ganzes bilden auf der Grundlage von gegenseitiger Achtung und Unterstützung.

Mystik im Alltag bedeutet die Einheit mit dem Ganzen; so wie die Rebe eine Einheit mit dem Weinstock bildet.
Diese Einheit ist nicht zu verwechseln mit der biologischen Einheit einer Familie oder dem Gemeinschaftsgefühl eines Stammes oder einer Nation. Es ist auch nicht der Zusammenhalt einer Kollegenschaft oder eines Vereins, sondern es ist die lebendige geistige Gestalt, die in die Zukunft weist; eine Gestalt des Kommenden und des Möglichen, eine Gestalt des Menschseins, die jetzt noch nicht sichtbar ist, sich aber im Inneren vorbereitet.

Mystik im Alltag ist nicht einfach die Verbindung mit der Vergangenheit, sie ist nicht einmal der Zusammenklang der Gegenwart, sondern sie ist die aktive Teilnahme an der Gestaltung unserer Zukunft.

Schluss

Eigentlich hätte es ein nettes kleines Büchlein werden sollen, ein paar Geschichten von den Höhlen und ein paar Erlebnisse mit meinem Lehrer, und eigentlich wollte ich im Herbst fertig damit sein.
Aber daraus wurde natürlich nichts. Das Thema hat mich erfasst und fortgerissen, hat mich in Höhen und Tiefen geführt, in einen Schaffensschwung und in Blockaden, dass es mir dabei wohl so gegangen ist wie Händel bei seinem *Messias* – wenn mir dieser hohe Vergleich erlaubt ist. Eine Botschaft will Gestalt annehmen, und erst jetzt, am Schluss, lässt sie mich langsam los, und ich kann aufatmen.
Im Herbst wollte ich also fertig werden, aber das ging nicht, da hatte ich noch kaum begonnen. Es waren zwar schon viele Seiten gefüllt und viele Geschichten geschrieben, aber das Wesentliche war noch nicht gefunden.
„Über alle Grenzen", der Titel war von vornherein da, schon auf der Heimreise von Wien über Mariazell. Aber die wirkliche Botschaft war erst im Werden. Zunächst war es die heitere Gelassenheit, der subversive Humor und die Lebensfreude der Tibeter und besonders meines Lehrers, die ich in unsere Kultur bringen wollte. Aber dann kam ein Rückschlag, eine völlige Blockade, wie sie im schöpferischen Prozess immer dann auftritt, wenn man sich überfordert hat oder wenn man am falschen Weg ist.
Wir machten also eine Reise ans Meer, und schon in den ersten Tagen begann sich der Knoten wieder zu lösen. Meditation über die Leerheit und Bodhicitta, das waren jetzt die Leitgedanken, um die Arbeit weiterzuführen und um zu vermeiden, dass die große Gelegenheit nur dazu genützt wird, von einem Höhlen-Disneyland zu erzählen und ein paar oberflächliche Ratschläge zu geben.
Leerheit und Bodhicitta als Leitfaden, um die Belehrungen meines tibetischen Lehrers zu ordnen und die Verbindung von Christentum und Buddhismus sichtbar zu machen, sowie das Spannen des Gedankenbogens bis zur Mystik im Alltag – mit diesen Gedanken im Kopf kamen wir bald wieder zurück, und jetzt ging die Arbeit gut voran. Ich hatte schon den Eindruck, ziemlich fertig zu sein, und wollte nur mehr ein paar Kürzungen und Korrekturen vornehmen, aber dann kam meine Reise zu den Höhlen.
Ich war in den letzten Jahren immer im Oktober für einen Monat hin-

geflogen, um ein kurzes Retreat zu machen und besonders, um meinen Lehrer wieder zu sehen. So auch diesmal.

In meiner Klause im Himalaja und bei den täglichen Gesprächen mit meinem Lehrer wurde nun das Thema des Buchs am Ort des Entstehens neu aufgerollt und weiter vertieft. Es erhielt eine Dynamik, die nicht geplant war und die immer tiefer in eine geistige Bewegung hinein führte.

Ich hatte das Manuskript durchgelesen. Es war so weit ganz gut, aber der Teil „Christentum und Buddhismus" war noch sehr theoretisch und eher schwach gehalten, besonders am Anfang und bei der weiblichen Seite Gottes.

Jetzt begann der Fluss weiterzugehen. Es entstand „Ein Tag bei den Höhlen" und der Anfang der „Weiblichen Seite Gottes". Dann war das Diktiergerät voll, und ich konnte mir nur mehr kurze schriftliche Notizen machen. Die ersten waren dabei die „Lilien vom Berg". Das Thema Christentum und Buddhismus führte mehrmals zu Gesprächen mit meinem Lehrer, und am Tag des Abschieds, den ich unten beim See verbrachte, suchte mich ein tibetischer Lehrer aus dem Kloster auf, weil er wollte, dass ich ihm einige Stellen aus der Bibel übersetze und die Grundlagen des christlichen Glaubens erkläre.

Dieses Thema war also nun in den Mittelpunkt der Aufmerksamkeit getreten, und nach meiner Rückkehr begann ich, die Notizen der Reise in Texte umzuwandeln. Der Höhepunkt dieses Prozesses war die Auseinandersetzung mit dem Schatten des Abendlandes und die Formulierung der „Weiblichen Seite Gottes". Danach hatte ich das Gefühl, am Ziel angekommen zu sein. Alles Weitere war jetzt ein Ausklang, eine Abrundung und eine Vervollständigung des begonnenen Werkes.

Dieses Werk liegt jetzt vor Ihnen. Unvollkommen in vielen Teilen, aber geschrieben aus einem wirklichen Bedürfnis, aus einer wirklichen Kraft.

Es sind Worte des Herzens an meine Kultur, ein Versuch, das Christentum wieder an den Ort zu bringen, der ihm zusteht:

in die Mitte

Die Botschaft der Tibeter an unsere Kultur ist die heitere Gelassenheit und die Erinnerung an die Kraft und die Wirksamkeit der eigenen spirituellen Wurzeln, an die Strahlen des Erleuchtungsgeistes, die wir Christus nennen.

Bescheidenheit und Dank

Dankbarkeit ist eine der schönsten Blüten des erleuchteten Geistes, also eines großen Herzens. Hand in Hand mit ihr geht die Bescheidenheit.
Jeden Morgen, wenn wir zu uns selbst erwachen, sehen wir, was uns alles geschenkt ist. Dann macht uns die Dankbarkeit reich, denn wir haben immer mehr, als wir brauchen, und können von unserem Überfluss weitergeben. Und in der Welt gibt es einen Fluss von Geben und Nehmen. Je mehr wir geben, desto mehr bekommen wir zurück. Und so führt die Dankbarkeit zum Überfluss.
Aber gerade, weil wir sehen, dass wir es sind, die zuerst beschenkt werden, entwickelt sich eine natürliche Bescheidenheit, die auch dem größten Reichtum nichts Anstößiges verleiht. Wer bescheiden ist, zieht keinen Neid auf sich, selbst wenn er viel gibt.
Ein großer Mensch, der bescheiden ist, wird durch diese Bescheidenheit zugänglich, und seine Größe trennt ihn nicht von den Menschen. Wenn ein kleiner Mensch bescheiden ist, dann kann er nicht übergangen werden.

Ich bin dankbar für mein Leben …

Das Jahr und die Arbeit runden sich nun ab. Morgen ist Heiliger Abend, und heute gehe ich noch auf den Berg, um den Sonnenuntergang und die Sonnenwende zu sehen. In den letzten Tagen war es eiskalt, und Schnee bedeckt die Berge ringsum. Heute ist es etwas

wärmer geworden, und Wolken aus Italien ziehen herauf, so dass sich unten im Tal ein Nebelsee bildet.
Das Jahr rundet sich ab, die Arbeit rundet sich ab, und es ist an der Zeit, Dank zu sagen: Dank an alle, die zum Entstehen dieses Buches beigetragen haben.
Allen voran meinem hoch geachteten Lehrer und Freund Wangdor Rinpoche und mit ihm der geistigen Übertragungslinie, deren Träger und Ausdruck er ist. Ohne diese Linie hätte das Buch niemals entstehen können.
Und dann danke ich allen den Einsiedlerinnen und Einsiedlern am Berg über dem Heiligen See, die mich in ihrer Mitte aufgenommen haben und mit denen ich viele Jahre meines Lebens verbringen durfte.
Ich danke auch allen anderen großen Lehrern, die meinen Geist geformt und bereichert haben, besonders Teilhard de Chardin und C. G. Jung.

Eine Brücke braucht zwei Pfeiler: die eine Seite ist die Einsiedelei im Himalaja, die andere Seite der Bergbauernhof in Kärnten. Hier danke ich vor allem meiner Frau Irene, die mich durch all die schweren Jahre begleitet und unterstützt hat und die den Boden dafür gelegt hat, dass der Geist sich frei entfalten und arbeiten konnte. Die Tibeter sagen zur Partnerin eines Yogi „Khandro", also wörtlich übersetzt „Himmels-Geherin", und ohne sie kann sich auf der Erde nichts entwickeln.
Ich danke auch allen anderen Menschen, die mir geholfen haben, das Werk auszuführen, sei es durch Gespräche oder durch andere Anregungen, besonders meinem Lehrer und Freund Karl Augustinus Wucherer-Huldenfeld, der mitgeholfen hat, die theologischen Seiten der Arbeit im Wesen zu vertiefen. Und nicht zuletzt möchte ich auch dem Styria Verlag und seiner Leiterin Gerda Schaffelhofer dafür danken, dass sie den Mut aufgebracht hat, ein so spannendes Buchprojekt in so kurzer Zeit durchzuführen und den Geist der Einsiedelei in die Mitte unserer Kultur zu bringen.
Wir leben in einer spannenden Zeit. Unsere so fest gefügt scheinende Kultur ist ins Wanken geraten, ein kleiner Impuls in die eine oder in

die andere Richtung kann darüber entscheiden, wohin wir uns in Zukunft wenden werden. So bin ich dankbar dafür, dass sich die Gelegenheit ergibt, einen deutlichen Impuls in die richtige Richtung setzen zu können: in die Richtung zum Blick aufs Ganze, in die Richtung zur Stimme des Herzens, in die Richtung zur Liebe des erleuchteten Geistes.

Sollte also von diesem kleinen Werk,
das erhabene Bodhicitta als Ausgangspunkt gewählt hat,
etwas Gutes kommen,
dann bete ich, dass dadurch der Erleuchtungsgeist geboren wird,
im Geistesstrom meiner Mutter – also aller lebenden Wesen,
die zahllos sind, wie der offene Raum.
Khunu Rinpoche

Glossar

Amitabha

Amitabha (Tibetisch: *Opame*) – grenzenloses Licht, ist einer der vier Dhyani Buddhas, einer der vier Hauptaspekte der allumfassenden Wirklichkeit. Seine Farbe ist rot und seine Hauptqualität die Nächstenliebe oder das Mitgefühl. Er hat so große Verdienste für alle fühlenden Wesen gesammelt, dass er das Reine Land im Westen, Dewachen, einrichten konnte, in das die Menschen auch ohne eigenes Verdienst leicht gelangen können. Von ihm gehen auch Tara (Dolma), Padmasambhava (Guru Rinpoche) und Avalokiteshvara (Chenresig, *spyan ras gzigs*) aus.
Der Dalai Lama gilt als die menschliche Verkörperung von Chenresig.

Bodhicitta

Bodhicitta kommt aus dem Sanskrit und bedeutet (ebenso wie das tibetische Wort Sangchub Sem, *byang chub sems*) den erleuchteten Geist.
Khunu Rinpoche, der ein guter Kenner des Sanskrits war, erklärt den Ausdruck so:

Reinigen der beharrenden Eindrücke
und gleichzeitiges und sofortiges Erwachen (Bodhi)
zu allen erkennbaren Dingen –
nachdem man über sie nachgedacht hat,
macht man sich auf, sie zu erreichen.
Daher kommt der Ausdruck „Bodhicitta".

Die erste Silbe *(Bodhi)* deutet auf das Erwachen hin, auf das Wach-Sein, das wir im Deutschen als „Erleuchtung" bezeichnen.

Die zweite Silbe *(citta)* bedeutet „Bewusstsein“ oder „Gewahrsein“, und wird im Deutschen mit dem Wort „Geist“ wiedergegeben.
Das Erwachen ist eine Bewegung in unserem Geist, die im tiefsten Gewahrsein vollzogen wird.
Das ist Mitgefühl in seiner tiefsten Bedeutung.
Bodhicitta hat eine gewisse Ähnlichkeit mit dem, was die Christen unter der Wirkung des Heiligen Geistes verstehen.

Buttertee

Buttertee ist ein sehr stärkendes, salzhaltiges und fettes Getränk, das mehr einer Suppe als einem Tee gleicht. Man braucht dazu tibetischen Tee, der in Ziegelform aus China importiert wird. Diesem Tee, der mit genug heißem Wasser aufgekocht wird, fügt man etwas Milch hinzu und schüttet ihn in eine Holzröhre, die ähnlich wie ein kleines Butterfass aussieht, das man auf der Alm in den Alpenländern verwendet. Hier sind schon reichlich Butter und Salz vorbereitet, die nun mit Hilfe eines Stößels mit dem heißen Wasser vermischt werden, so dass es kräftig schäumt. Dieses schäumende Getränk wird nun frisch in die Tassen gegossen oder in Holzschalen, die zum Teil mit Tsampa gefüllt sind.
An kalten Tagen eine Köstlichkeit.

Dharmakaya, Sambhogakaya, Nirmanakaya

Die Unterteilung der Wirklichkeit in drei Bereiche, in drei Körper, ist für den Tibeter ungefähr ebenso selbstverständlich wie für uns die Unterscheidung von Körper und Geist. Während aber unser Weltbild mehr von der Materie, vom Körper ausgeht, ist die Grundlage der Wirklichkeit für den Tibeter der Geist.
Die Begriffe Dharmakaya, Sambhogakaya und Nirmanakaya kommen aus dem Sanskrit, also aus der indischen Philosophie, und haben sich über die Jahrtausende hin durchgesetzt und bewährt.

Dharmakaya (Tibetisch: Chö Ku, *chos sku*), wörtlich übersetzt: der Körper des Dharma, der Lehre, entspricht dem Geist, dem Urgrund,

der Quelle aller Wirklichkeit, die aber selbst keine Erscheinung ist.
In der Meditation wird der Dharmakaya „sichtbar", wenn das ständige „Geschwätz" unseres alltäglichen Geistes aufgehört hat.
Der Begriff des Dharmakaya hat eine gewisse Verwandtschaft mit dem abendländischen Begriff des „Seins" oder theologisch gesprochen mit Gottvater, dem Schöpfer aller Dinge, den selbst niemand gesehen hat.

Sambhogakaya (Tibetisch: Long se ku, *longs spyod rdzogs pa'i sku*), wörtlich übersetzt: der Körper des Reichtums, bedeutet den Sprachenaspekt der Wirklichkeit, das schöpferische Wort, den Klang. In der Meditation erscheint dieser Aspekt als leuchtende Natur des Gewahrseins in der Stille des Dharmakaya. Dieser Aspekt der Wirklichkeit ist für das alltägliche Bewusstsein nicht wahrnehmbar, liegt aber allen Gestaltungen zu Grunde.
In der abendländischen Philosophie könnte man es am ehesten mit der „Energie" und in der Theologie mit dem göttlichen Wort, dem *Logos,* oder der göttlichen Weisheit, der *Sophia,* vergleichen.

Nirmanakaya (Tibetisch: Trul ku, *sprul sku*), wörtlich übersetzt: der Körper der Illusion, ist die Art, in der die Wirklichkeit dem gewöhnlichen Bewusstsein erscheint. Das sind alle Dinge unserer Welt, alle Wahrnehmungen, alle Gedanken und Gefühle usw. Es ist das hochkomplexe Bild, das wir uns von unserer Welt, unserem Universum machen und in dem wir uns im Alltag bewegen.
In der Meditation entspricht der Nirmanakaya den Erscheinungen, die unseren Geist füllen.

Lama, Rinpoche, Tulku

Lama bedeutet „Lehrer, Meister, Rabbi, spiritueller Freund". Es ist der Titel für einen Menschen, der andere am geistigen Weg leiten kann. Zwischen dem Lehrer und seinem Schüler bildet sich eine besondere Beziehung, die an beide Teile hohe Anforderungen stellt. Der Lama ist im tibetischen Buddhismus eine sehr wichtige Gestalt, denn in ihm vereinigen sich alle Aspekte der Lehre: Buddha, Dharma und Sangha.

Rinpoche bedeutet „Edelstein". Es ist ein Ehrentitel für einen herausragenden Lehrer, ein geistiges Juwel in menschlicher Gestalt. Auch in der christlichen Apokalypse werden die großen Heiligen, auf denen das himmlische Jerusalem gegründet ist, als Edelsteine bezeichnet.
Da sich heute schon viele gewöhnliche Mönche als Lama bezeichnen und der Titel daher einer gewissen Inflation ausgesetzt ist, werden heute alle großen Lehrer als Rinpoche bezeichnet.

Tulku kommt von Nirmanakaya (Tibetisch: Trul ku, *sprul sku*), wörtlich übersetzt: Körper der magischen Erscheinungen oder Illusion. Man bezeichnet damit die absichtliche Wiedergeburt eines großen Lehrers, der wieder in Menschengestalt auf die Erde zurückkehrt, um hier seine begonnene Aufgabe der geistigen Leitung fortzusetzen. Der erste Tulku dieser Art war der zweite Karmapa, später kamen zahlreiche andere hinzu, so dass heute viele Rinpoches zugleich Tulkus, also Wiedergeburten ihrer Vorgänger sind. Einer der bekanntesten Tulkus ist wohl der Dalai Lama, der sich schon viele Male hintereinander inkarniert hat. Nach seinem Tod wird ein Komitee gebildet, das sich auf die Suche nach dem neugeborenen Kind macht, ähnlich wie die drei Könige aus dem Morgenland auf der Suche nach Jesus. Ist das Kind gefunden, wird es einer Reihe von Prüfungen ausgesetzt, die sicherstellen sollen, dass es sich wirklich um den Nachfolger des gesuchten Meisters handelt.

Leerheit

Leerheit, Shunyata im Sanskrit (Tibetisch: Tong pa nyid, *stong pa nyid*) ist ein Fachausdruck des Buddhismus. Der Ausdruck ist zugleich ein Zugang zur Meditationspraxis des Mahayana, der schon vom Buddha selbst gelehrt wurde, und eine Einsicht in die tiefere Natur der Wirklichkeit. Die Wirklichkeit ist nicht fest gegeben, wie sie erscheint, sondern „leer" von einer ewigen, unzerstörbaren Substanz oder einem ewigen, selbstständigen Ich.
Diese Einsicht steht in Verbindung zur buddhistischen Grundwahrheit von *Anatta,* dem Nicht-Ich, die besagt, dass sich eine ewige

Seele, ein *Atman*, wie es der Hinduismus kennt, nirgends finden lässt und daher eine Illusion ist. Die Meditation dient der Befreiung von dieser Illusion.

Mahamudra und Dzogchen

Mahamudra (Tibetisch: Sakya Chenpo, *phyag rgya chen po*), bedeutet: das große Siegel. Es bezeichnet eine Meditationstradition, die in Indien entstanden, von den 84 großen Mahasiddhas entwickelt und vor allem von Milarepa in Tibet verbreitet wurde. Es geht in dieser Tradition vor allem um die Meditation über die Natur des eigenen Geistes.

Dzogchen, rdzogs chen, die „Große Vollkommenheit", ist eine sehr alte Meditationstradition, die auf „Garab Dorje" zurückgeht. Diese Tradition wurde vor allem von Guru Rinpoche in Tibet verbreitet. Es geht auch hier, ähnlich wie in Mahamudra, um die Meditation über die Natur des Geistes.
Beide Linien gehören zur neunten, also zur höchsten Ebene der buddhistischen Übungen, die auch als „Maha Ati" oder „Ati-Yoga" bezeichnet wird.

Retreat

Retreat kommt aus dem Englischen und bedeutet „Rückzug". Es ist die Übersetzung des tibetischen Wortes „Tsam", das sowohl den Ort des Rückzugs, also zum Beispiel eine Einsiedelei, als auch den Vorgang, das heißt den Rückzug aus der Alltagswelt, beschreibt. Dieser Rückzug, diese Absonderung von der alltäglichen Welt, ist am Anfang des geistigen Weges sehr nützlich, manchmal sogar notwendig, um sich den intensiveren Übungen ganz widmen zu können. Später ist die äußere Isolierung nicht mehr so wichtig, besonders wenn man eine innere Stabilität erreicht hat, die es einem erlaubt „in der Welt, aber nicht von der Welt" zu sein.
Der Begriff *Retreat* hat sich auch im Westen, besonders bei den buddhistischen Zentren, durchgesetzt und meint hier meistens das

gemeinsame Praktizieren spiritueller Übungen für einige Tage (oder eine längere Zeit); so ähnlich wie ein Seminar.

Tara (Tibetisch: Dolma, sgrol ma)

Hilfreiche weibliche Kraft, ähnlich Maria in der christlichen Tradition

Tantrischer Buddhismus

Von Tantra, „Buch“, auch Vajrayana, die dritte und letzte Entwicklungsstufe des Buddhismus, nach Hinayana und Mahayana.

Tsampa

Tsampa ist geröstetes Gerstenmehl. Die Gerste wird im Herbst, nach der Ernte, in der Sonne getrocknet und in gut schließenden Gefäßen aufbewahrt. Einige Tage vor dem Rösten nimmt man die Körner heraus und feuchtet sie an, so dass sie zu keimen beginnen. Dann werden die Körner über offenem Feuer in großen Metallpfannen geröstet, so dass sie ähnlich wie Popcorn aufspringen. Diese Körner werden nun von den Hülsen gereinigt, indem man sie zunächst im Inneren eines Sackes größerem Druck aussetzt (man trampelt darauf herum) und dann den Wind zu Hilfe nimmt, der die leichte Spreu beim Herunterschütten wegweht. Diese gereinigten und gerösteten Körner werden zur Mühle getragen und dort fein gemahlen.
Das richtige Rösten – nicht zu viel und nicht zu wenig – entscheidet über den guten Geschmack. In den ersten Tagen ist Tsampa eine Köstlichkeit, besonders wenn es zusammen mit frischem Buttertee verzehrt wird. Nach ein paar Wochen lässt der Geschmack nach und ähnelt zum Schluss mehr dem Pappendeckel, so wie auch bei uns altes Brot nach einer Weile ungenießbar wird.

Literatur

Zum Kennenlernen und Vertiefen des Buddhismus:

Milarepas gesammelte Vajra-Lieder (Die 100.000 Gesänge des Milarepa). 3 Teile. Theseus, 1997
Surya Das: Tibetische Weisheitsgeschichten. Heyne, 1999
Sogyal Rinpoche: Das Tibetische Buch vom Leben und Sterben. Ein Schlüssel zum tieferen Verständnis von Leben und Tod. Fischer, 2004
Thich Nhat Hanh: Wie Siddharta zum Buddha wurde. Eine Einführung in den Buddhismus. dtv, 2004
Tsang Nyön Heruka, Herr der Yogis: Das Leben von Jetsün Milarepa. Sequoyah, 2006
Dzongsar Jamyang Khyentse: Weshalb Sie kein Buddhist sind. Windpferd, 2008

Weitere Literatur

Pierre Teilhard de Chardin: Der Mensch im Kosmos. Beck, 1964
Ders.: Frühe Schriften. Alber, 1968
Zitat Teilhard de Chardin: pp. 235-248
Shunryu Suzuki: Zen-Geist, Anfänger-Geist. Unterweisungen in Zen-Meditation. Theseus, 1975
Konrad Lorenz: Die Rückseite des Spiegels. dtv, 1977
Zitat Lorenz: p. 32
Claudia Lenel (Hg.): Lotosblüten im Sumpf. Überlieferung der wunderbar gütigen Menschen. Herder, 1983
Herbert Pietschmann: Das Ende des naturwissenschaftlichen Zeitalters. Ullstein, 1983
Zitat Friedrich Nietzsche: p. 153

Anniela Jaffé (Hg.): Erinnerungen, Träume, Gedanken von C. G. Jung. Walter, 1984
Zitat C. G. Jung: p. 334
Hugo M. Enomiya-Lassalle: Zen und christliche Mystik. Aurum, 1986
Paul Reps (Hg.): Ohne Worte – ohne Schweigen. 101 Zen-Geschichten und andere Zen-Texte aus vier Jahrtausenden. Barth, 1987
Karmapa Wangtschug Dorje: Mahamudra – Ozean des Wahren Sinnes. Monsenstein und Vannerdat, 1990
Lama Anagarika Govinda: Der Weg der weißen Wolken. Erlebnisse eines buddhistischen Pilgers in Tibet. Scherz, 1991
Namkhai Norbu: The Crystal and the Way of Light. Sutra, Tantra und Dzogchen. The Teachings of Namkhai Norbu. Compiled and edited by John Shane. Arcana, Penguin, 1993
Thich Nhat Hanh: Lebendiger Buddha, lebendiger Christus. Verbindende Elemente der christlichen und buddhistischen Lehren. Goldmann, 1996
Antoine de Saint-Exupéry: Der Kleine Prinz. Arche, 1997
Khunu Rinpoche: Vast as the heavens, deep as the sea: Verses in praise of Bodhicitta. Wisdom Publications, 1999
Khalil Gibran: Der Prophet. Piper, 2002
Arthur Schnitzler: Professor Bernhardi. Reclam 2005
Johannes Toegel: The Sacred Key to the Union of East and West. AuthorHouse, 2005
Patrul Rinpoche: Die Worte meines vollendeten Lehrers. Ein Leitfaden für die vorbereitenden Übungen der „Herzessenz der weiten Dimension“ des Dzogchen. Arbor, 2006
David Steindl-Rast: Fülle und Nichts: Von innen her zum Leben erwachen. Herder, 2008